AUGUSTIN CHALLAMEL

COLBERT

La face cachée du Soleil

Books On Demand

© 2019 Augustin Challamel (Domaine Public)
Première édition du texte original : Librairie Centrale des Publications Populaires (1880)
Édition : BoD – Books on Demand, 12/14 rond-point des Champs-Élysées, 75008 Paris
Impression : BoD - Books on Demand, Norderstedt, Allemagne
ISBN : 9782322162765
Dépôt légal : Septembre 2019
Tous droits réservés

SOMMAIRE

I.

Naissance et famille de Colbert. - Ses commencements. - Intendant de Mazarin. - Il est recommandé à Louis XIV. - Lutte entre Colbert et Fouquet. - Colbert et son oncle Pussort. - Satires du temps. - Contrôleur général. - Portrait de Colbert.

II.

Théorie de Louis XIV. - Le bœuf de labour. - Mot railleur du roi. - Colbert gouverne. - Concussionnaires. - Chambre de justice. - Premières réformes financières.

III.

Colbert et Louis XIV. - L'État de prévoyance. - Ordonnances de comptant. - Diminution des tailles ; cadastre ; impôts indirects. - Principes de Colbert sur les emprunts. - Apostrophe à Lamoignon.

IV.

Administration de Colbert. - Agriculture et industrie. - Défense d'exporter les grains. - Travaux pour la marine en général. - Compagnies. - Création de ports. - Régime des classes. - Écoles de marine. - Fondations diverses. - Ordonnance de 1681. - Épigramme contre Colbert, ministre de la marine.

V.

Commerce intérieur. - Manufactures. - Industrie. - Van Robais. - Ère nouvelle. - Le Colbertisme. - Tyrannie industriel le. - Manie de réglementation. - Moralité du commerce.

VI.

Mouvement des lettres, des sciences el des arts. - Académie des inscriptions et belles-lettres et académie des sciences. - Observatoire ; jardin des Plantes. - Académie de peinture el d'architecture. - Paris embelli et assaini. - Académie de France à Rome. - Gratifications aux savants et aux gens de lettres. - Bibliothèque royale.

VII.

Refonte des lois civiles el criminelles. - Ordonnance de Pussort ou code Louis. - Demi-succès. - Insuffisante réforme criminelle. - Hypothèque. - Règlement des eaux et forêts. - Justice ; conseil de police. - L'espionnage est établi. - Abus.

VIII.

Rivalité de Colbert et de Louvois. Esprit guerrier. - Les bâtiments. - Question religieuse. - Le ministre des desseins pernicieux. - Création de Versailles. - Remontrances de Colbert à Louis XIV. - Commencements de sa disgrâce. - Friponnerie ! - Maladie et mort de Colbert.

IX.

Obsèques de Colbert. - Mesures de précaution. - Injures, accusations, épitaphes. - Misères du pays. - Colbert inférieur à Vauban. - Circonstances atténuantes. - Défaillances. - Petit conseil de courtisans. - La couleuvre prudente. - Conclusion.

PRÉFACE

Pour celui que n'aveugle pas le fétichisme de la royauté, les véritables souverains sont les hommes qui font marcher leur siècle, qui dominent tout par leur intelligence, par leur travail, par leur désir d'être utiles à leurs concitoyens. Ces hommes supérieurs savent hâter la civilisation d'un pays, inventer des moyens propres à préparer les améliorations, à corriger les abus, à donner l'essor aux générations futures. Ils forment les anneaux d'une chaîne non interrompue, qui commence avec les origines de la nation et n'est pas encore terminée ; d'une chaîne qui attache entre eux les combats, les succès ou les revers du progrès social, malgré les difficultés sans nombre que le préjugé et le despotisme ne manquent jamais de lui opposer.

En France, à toutes les époques, l'historien doit signaler ces personnalités brillantes. Qu'importe le nom du chef couronné, quand la vie d'un travailleur illustre s'écoule sous son règne ? Au compte de la civilisation et dans l'intérêt des peuples, les maîtres de la politique, de la pensée, de la science, de l'art et de l'industrie, sont des initiateurs qui défient le droit divin. Nous l'avons écrit en terminant nos Mémoires du peuple français : Quelles dynasties royales soutiendraient la parallèle avec celles qui commencent par Alcuin pour finir à Cuvier, par Ambroise Paré pour finir à Dupuytren, par Gerbert pour finir à Jacquart, par Jean Cousin pour finir à Ingres, par Grégoire de Tours pour finir à Michelet, par Chrétien de Troyes pour finit à Victor Hugo ?

Assurément, un simple panégyrique de Colbert n'est pas ce qu'il importe d'offrir aux lecteurs. La biographie de ce grand ministre a ses bons et ses mauvais côtés ; mais il faut convenir que, chez cet homme considérable, le bien a beaucoup plus de poids que le mal. Oui, cette figure historique peut être présentée, dans son ensemble, comme un modèle digne d'avoir des imitateurs.

Parmi les illustrations de l'ancienne monarchie, le collaborateur de Louis XIV occupe une place très-large. Si, pour les démocrates de nos jours, il n'atteint pas complètement l'idéal du réformateur stoïque, au moins leur semble-t-il être un de ceux auxquels on doit passer certaines fautes en raison des actions absolument louables qu'ils ont accomplies.

Colbert a eu plus d'une faiblesse, inhérente aux mœurs de son époque ; mais il a devancé son époque comme financier et administrateur, et il a laissé des traces ineffaçables dans notre histoire. Le mouvement qu'il a imprimé à la marine, au commerce, à l'industrie, aux sciences et aux arts, s'est continué jusqu'à nos jours. Ce mouvement a résisté à la décadence de la monarchie ; il s'est accru, amélioré avec le courant des idées modernes.

Sans suivre de tous points le système de Colbert, nous ne cessons do rendre justice à ce ministre, et, le plus souvent, d'admirer ses innovations ou ses réformes. Il y a profit, d'ailleurs, à étudier l'œuvre d'un tel personnage, intéressant même dans ses fautes, et qui rayonne au dix-septième siècle, si fécond en sommités de toute sorte, comme le plus glorieux représentant de la bourgeoisie au pouvoir.

I

NAISSANCE ET FAMILLE DE COLBERT. - SES COMMENCEMENTS. - INTENDANT DE MAZARIN. - IL EST RECOMMANDÉ A LOUIS XIV. - LUTTE ENTRE COLBERT ET FOUQUET. - COLBERT ET SON ONCLE PUSSORT. - SATIRES DU TEMPS. - CONTRÔLEUR GÉNÉRAL. - PORTRAIT DE COLBERT.

Dans l'industrieuse ville de Reims, où trois cents peigneuses mécaniques de laine produisent par an pour trente millions de tissus, où cent soixante-quinze mille broches à filer la laine occupent trois mille ouvriers, produisant vingt-cinq millions de valeur par an, le touriste s'empresse d'aller rendre visite à une petite habitation bien modeste, située rue de Cérès.

C'est la maison où naquit Jean-Baptiste Colbert, le 29 août 1619.

Son père fabriquait des draps et des serges, à l'enseigne du *Long-Vestu*. Aussi, tout jeune encore, Colbert prit dans le commerce des habitudes de travail, d'exactitude et d'ordre. Il fit la marchandise, suivant l'expression commerciale du temps ; il parcourut la France pour connaître l'état des affaires de négoce et de banque. N'ayant reçu que l'instruction fort élémentaire donnée alors aux fils de marchands, il entra, à l'âge de vingt ans à peine, dans les bureaux du ministre Michel Le Tellier, secrétaire d'Etat de la guerre, nommé par Mazarin. Le Tellier, qui partagea la fortune et les périls du cardinal pendant la Fronde, remarqua bien vite les qualités hors ligne de son employé, dont Mazarin, exilé à Brühl, se servit comme d'un agent pour correspondre avec la reine Anne d'Autriche et avec plusieurs affidés.

Parmi les plus zélés des familiers de Mazarin, on distinguait Colbert, encore obscur dans le monde administratif, et tout à fait inconnu dans le monde politique.

Ce jeune homme secondait efficacement le ministre italien qui, pensant à revenir promptement en France, hâtait ses préparatifs, autant que ses faibles ressources le lui permettaient.

Aussitôt que Mazarin eût repris le ministère, il récompensa Colbert en le faisant régisseur de ses affaires particulières, en lui donnant un véritable poste d'intendant, emploi dont le fils du marchand rémois s'acquitta avec habileté. Ce fut Colbert qui introduisit chez Mazarin l'envoyé secret de l'Espagne, venant offrir l'infante Marie Thérèse, fille de Philippe IV, au jeune roi Louis XIV, avec les bases d'une paix bientôt sanctionnée par le traité des Pyrénées ; d'une paix couronnant la politique de Henri IV et du cardinal de Richelieu, et assurant la suprématie de la France sur le continent européen.

Mais lancé dans les tourbillons de la politique, avec un protecteur tel que Mazarin, Colbert ne tarda pas d'être mêlé à des intrigues peu dignes d'un génie comme le sien, à des tripotages de police.

Il exista, jusqu'à la signature de la paix, une grande agitation dans la noblesse normande. Des gentilshommes de la cour acceptèrent une mission honteuse, celle d'agents provocateurs. Après avoir paru dans les rangs des mécontents, ils dénonçaient ceux-ci à Mazarin par l'entremise de Colbert, qui d'une main recevait leurs rapports, et de l'autre main leur envoyait les instructions de son maître. Colbert, *domestique* de Mazarin, disait insolemment Fouquet, traitant de haut son futur rival.

N'essayons pas de dissimuler ces choses ; reconnaissons seulement qu'elles semblaient presque naturelles, à une époque où les gouvernants ne reculaient devant aucune ruse pour atteindre leur but, où les gouvernés croyaient servir l'État en obéissant passivement aux princes et aux ministres, quelles que fussent les exigences de ces puissants du jour.

Cependant, les mérites réels de Colbert, surtout en matière de finances, éclatent bientôt. Il n'est pas un domestique vulgaire, un intrigant sans valeur. A peine Louis XIV s'est résolu à travailler avec ses ministres, qu'il consulte Colbert, tête à tête, sur les désordres financiers dont le fastueux Fouquet ne peut ou ne veut se rendre compte.

Le roi se rappelait ces mots prononcés, dit-on, par Mazarin au lit de mort : Sire, je vous dois tout, mais je crois m'acquitter en quelque manière en vous donnant Colbert. Il se réservait de prendre bientôt le jeune financier pour ministre secret.

Depuis plusieurs années, Colbert s'était éloigné du surintendant Fouquet, dont il avait d'abord été l'ami, et dont il n'avait pu voir, malgré ses conseils, changer la conduite scandaleuse. Fouquet abusait de sa charge pour acquérir des complaisants et pour se rendre nécessaire. Sa profusion était sans exemple. Des sommes énormes, volées à l'État, s'épuisaient à payer les magnificences du château de Vaux.

C'était ce que Colbert appelait l'horrible corruption du surintendant.

Une lutte sourde mais constante durait depuis près de deux années entre Fouquet et Colbert. Celui-ci se cachait avec une dissimulation profonde, et celui-là semblait tout braver par sa présomption et sa vanité, par des fautes multipliées comme à plaisir. Louis XIV, lui aussi, agissait dans l'ombre : on sait que pendant bien longtemps il attendit le moment propice pour sacrifier Fouquet, dont le principal tort aux yeux du roi, sans doute, était d'avoir aimé mademoiselle de la Vallière.

On arrêta Fouquet le 5 septembre 1661. A dater de ce jour, Colbert exerça une véritable influence sur les actes de Louis et sur les destinées du royaume.

En effet, l'homme qui n'avait été jusqu'alors qu'un intendant dévoué, actif et infatigable, devenait ministre intime de Louis XIV, après avoir fait un long noviciat dans les affaires. Il était préparé pour entreprendre des réformes indispensables et réclamées par les hommes de probité.

Au procès de Fouquet, Colbert se conduisit comme un adversaire acharné, désireux, avant tout, de remplacer le coupable, ayant beaucoup d'envie que le surintendant fût pendu, suivant le mot de Turenne. Non-seulement un de ses premiers soins fut d'établir une commission composée en grande partie des ennemis du surintendant, mais il s'efforça d'obtenir, par les moyens les plus illégaux, une condamnation à la prison perpétuelle. Son oncle Pussort opina pour la mort avec emportement et avec rage, selon madame de Sévigné. On appelait Pussort le féroce, le fagot d'épines, par suite de son vote.

Quoiqu'il en soit, la haine publique poursuivit les antagonistes du surintendant, qui compta d'illustres défenseurs, La Fontaine, madame de Sévigné, et surtout Pellisson. Des chansons flagellèrent les juges et les accusateurs :

> Malgré les juges courtisans ;
> Le cordeau de Fouquet, filé depuis trois ans,
> Est maintenant à vendre ;
> Mais nous avons Colbert, Saint-Hélène et Berryer ;
> C'est assez de quoi l'employer ;
> C'est assez de voleurs à pendre ;
> C'est assez de fous à lier.

Plus tard, les gouailleurs du temps reprochèrent à Jean-Baptiste Colbert sa naissance, à Colbert qui remplaça Fouquet aux finances, en qualité de contrôleur général :

> Cesse de t'étonner, ce fameux politique
> Etait le fils d'un courtaud de boutique.

Une coterie de courtisans l'accabla d'injures, dénonça la trahison de Colbert. Tantôt madame de Sévigné le désignait avec l'épithète de petit, tantôt elle l'appelait le nord, par sobriquet. Jean Hesnault lui adressait un sonnet resté célèbre, et pronostiquant la destinée du contrôleur général :

> Ministre avare et lâche, esclave malheureux
> Qui gémis sous le poids des affaires publiques,
> Victime dévouée aux chagrins politiques,
> Fantôme révélé sous un titre onéreux ;
>
> Vois combien des grandeurs le comble est dangereux ;
> Contemple de Fouquet les funestes reliques,
> Et tandis qu'à sa perte en secret tu t'appliques,
> Crains qu'on ne le prépare un destin plus affreux.
>
> Sa chute quelque jour le peut être commune.
> Crains ton poste, ton rang, la cour et la fortune ;
> Nul ne tombe innocent d'où l'on le voit monté.
>
> Cesse donc d'animer ton prince à son supplice ;
> Et, près d'avoir besoin de toute sa bonté,
> Ne le fais pas user de toute sa justice.

Ces vers n'offensaient pas le roi. Colbert, à qui on en parla, dit qu'il ne se trouvait pas offensé non plus. Il avait agi durement et sciemment.

En cette circonstance, déjà le contrôleur général, quoique fort incliné devant Louis XIV, justifiait l'épitaphe où Gui-Patin le qualifia de *vir marmoreus*, homme de marbre. Madame de Sévigné ne cessait de s'en plaindre. Epuisant toutes les séductions de son esprit pour captiver le ministre, en faveur de son fils, elle ne put obtenir que ces paroles, dites d'un ton bref : Madame, j'en aurai soin. Aussi remarque-t-elle, non sans rancune : Quand on songe que c'est une affaire qui dépend de M. Colbert, on tremble.

Doué d'un esprit observateur, méditatif, d'une humeur impatiente et despotique, parfois emportée, dédaignant les occupations frivoles, c'était bien un homme de marbre, ou plutôt un homme de persévérance.

Donc, sans s'inquiéter des clameurs poussées par ses ennemis, Colbert alla droit au but, se mit courageusement à l'œuvre, et commença de réprimer les actes de dilapidation commis ou tolérés par Fouquet. Il ne songea point à plaire aux courtisans fouquetistes. L'abbé de Choisy trace ainsi son portrait : Il avait le visage naturellement renfrogné. Ses yeux creux, ses sourcils épais et noirs lui faisaient une mine austère et lui rendaient le premier abord sauvage et négatif ; mais dans la suite, en l'apprivoisant, on le trouvait assez facile, expéditif et d'une sûreté inébranlable. Il était persuadé que la bonne foi dans les affaires en était le fondement solide.

En l'apprivoisant ! Retenons bien ces mots. Ils expliquent merveilleusement les erreurs et les fautes que le ministre a pu commettre pendant ses vingt années de pouvoir.

Ajoutons que Colbert était de taille médiocre, sans élégance ; qu'il manquait de cheveux, auxquels il suppléa en portant de très-bonne heure une calotte ; qu'il prononçait difficilement les mots ; enfin, qu'il avait les manières bourgeoises, ainsi que l'observait Louis XIV. Dans les moments d'ennui ou de contrariété, il fronçait les sourcils, prenait un air redoutable. il était froid et silencieux dans ses audiences, concevait lentement, mais devait ses succès à son opiniâtreté intelligente.

Au reste, il se dépeint lui-même, dans quelques unes de ses maximes. Le principal de tout travail, selon lui, consiste à se donner le temps de bien penser, et, quand on a bien pensé, exécuter promptement. Colbert dit encore : Travailler tous les soirs, et ne pas prendre pour une règle certaine de sortir tous les soirs sans y manquer. Il n'y a que le travail du soir et du matin qui puisse avancer les affaires. A celles-ci doivent céder le plaisir et le divertissement. En résumé, il ne faut pas perdre de temps ni se décider avec trop de précipitation aux choses qu'on veut entreprendre.

II

THÉORIE DE LOUIS XIV. - LE BŒUF DE LABOUR. - MOT RAILLEUR DU ROI. - COLBERT GOUVERNE. – CONCUSSIONNAIRES. - CHAMBRE DE JUSTICE. - PREMIÈRES RÉFORMES FINANCIÈRES.

Après la mort de Mazarin, les ministres demandèrent à Louis XIV à qui ils devraient désormais s'adresser. A moi, répondit le roi ; je veux gouverner par moi-même, assister règlement au conseil, entretenir les ministres les uns après les autres, et je suis résolu de n'y pas manquer un seul jour. Je ne veux point de premier ministre, mais je me servirai de ceux qui ont des charges pour agir, sous moi, selon leurs fonctions.

Louis XIV établissait ainsi la théorie de la monarchie absolue. Il craignait l'apparition d'un nouveau Mazarin, cumulant d'étonnantes richesses ; puis, s'étant débarrassé de Fouquet, il espérait ne plus voir se succéder les dilapidations, en supprimant la charge de surintendant des finances, selon lui trop considérable, et en ne donnant à Colbert que le titre de contrôleur général.

Le surintendant avait disposé des fonds du Trésor sur sa seule signature, ce qui lui avait permis d'accumuler les abus ; le contrôleur n'eut plus le droit d'en distraire une partie sans l'expresse signature du roi. Mais, en réalité, Colbert dirigeait l'administration des finances toute entière, puisqu'il pouvait ordonner de beaucoup d'affaires sans la participation des autres conseillers.

Peu importait au fils du drapier de Reims, au parvenu né pour le travail au-dessus de tout ce qu'on peut imaginer. Il était prêt à régler l'État comme une maison particulière, à servir d'intendant au roi, pour réparer les fautes de l'administration précédente. Le titre pompeux de ministre ne valait pas, pour lui, la gloire d'en remplir réellement les fonctions. Colbert consentait à devenir, comme l'a remarqué Michelet, le bœuf de labour de Louis XIV.

Il se mit à la tâche, travailla seize heures par jour, quand, l'hiver et l'été, ses commis travaillaient près de lui, dès six heures du matin. Complétant l'instruction fort élémentaire qu'il avait reçue, apprenant le latin à cinquante ans, il menait un professeur dans son carrosse, de manière à recevoir des leçons durant ses courses. Ce professeur était Jean Gallois, abbé de Saint-Martin de Cores, fondateur du *Journal des Savants*, puis secrétaire perpétuel de l'Académie des Inscriptions et membre de l'Académie française. Colbert citait assez fréquemment des passages latins qu'il avait expliqués et appris par cœur.

Mal servi, pendant les premières années de sa faveur, par des commis à la fois fripons et ignorants, le contrôleur général ne trouvait de véritablement bien fait que ce qu'il faisait lui-même. De là un redoublement de travail dont il triomphait, parce qu'il était déjà résolu à prendre pour modèles les plus illustres ministres français, à mériter sa place aux côtés des Sully, des Richelieu et des Mazarin, et, comme nous le verrons, à lutter contre les talents avérés mais souvent funestes de Louvois. Il entreprit une œuvre immense.

On assure que Louis XIV disait souvent, d'un ton railleur, quand une affaire importante devait être traitée en conseil : Voilà Colbert qui va nous répéter :

Sire, ce grand cardinal de Richelieu, etc. Voulait-il, au fond, s'élever encore contre les premiers ministres ?

Colbert posséda plus tard une immense fortune, un hôtel magnifiquement meublé, des écuries bien montées ; une riche bibliothèque, ses amours et ses délices, comprenant, outre beaucoup de livres imprimés, des manuscrits qu'il communiquait aux savants ; une fort belle galerie de tableaux ; une collection de médailles rares, et de précieux débris de l'antiquité qu'il avait fait venir d'Italie. Sa femme était servie par un domestique nombreux ; et elle habitait un appartement vaste, luxueusement décoré, elle se promenait dans les équipages les plus brillants. La famille du contrôleur général menait un train princier.

Par ses économies comme par les libéralités de Louis XIV, Colbert s'acquit un capital de dix millions de livres. Pour répondre aux calomnies, il n'avait qu'à présenter une justification détaillée de sa fortune à son maître. Le bel-esprit Ménage s'avisa de composer une généalogie qui le rattachait à l'ancienne maison royale d'Ecosse. Malgré cet appel à sa vanité, Colbert oublia rarement son point de départ obscur. Mon fils doit bien penser et faire souvent réflexion à ce que sa naissance l'aurait fait être si Dieu n'avait pas béni mon travail, et si ce travail n'avait pas été extrême. Voilà ce qu'on lit dans ses instructions paternelles adressées à Seignelay, se préparant à la carrière des affaires publiques.

En fait, et contrairement à la déclaration que le roi a faite de n'avoir plus de premier ministre, Colbert gouverne avec Louis XIV ; car ses fonctions sont bien plus étendues que celles de nos ministres des finances actuels. Le contrôleur général s'occupe non-seulement de la perception des impôts et du paiement des dépenses publiques, mais aussi de la fixation des diverses sortes d'impôts et de leurs taux. Il dirige les encouragements et les règlements concernant l'agriculture, le commerce, les arts mécaniques, les beaux-arts, même les lettres et les sciences. Il représente, comme l'a dit Jean Reynaud, une véritable gérance de souveraineté. L'autorité du roi, seule, peut mettre obstacle à la réalisation de ses projets. Relativement, Colbert est une puissance.

Le successeur de Fouquet sait réorganiser avec une rare habileté, et sans reculer devant un labeur excessif, les finances laissées dans un état déplorable par l'ex-surintendant. Rien ne se fait en dehors de lui ; ses ordres et ses instructions, presque entièrement écrits de sa main, forment un recueil énorme, que l'historien consulte avec le plus vif intérêt, et qui jette une complète lumière sur le règne de Louis XIV.

Au moment où Colbert entre aux affaires, la dette publique s'élève à quatre cent trente millions ; c'est à peine si le Trésor encaisse trente deux millions sur les quatre-vingts millions d'impôts annuels.

Fouquet en arrivait à aliéner quatre cent mille livres sur les tailles pour toucher huit cent mille livres ; Fouquet empruntait à cinquante pour cent.

La caste financière avait grandi dans une proportion effrayante. On comptait en son sein des associés, cautions, participes, sous-traitants, arrière-traitants, sous-fermiers et arrière-fermiers, receveurs généraux et particuliers, ceux en titre, ceux par commission, leurs contrôles, les commis, tant ambulants qu'autres, les sous-commis, exempts, gardes, archers, huissiers, sergents et préposés aux recouvrements. Les associés secrets, dans les fermes, s'appelaient croupier, du mot croupe, parce que les fermiers généraux les prenaient pour ainsi dire en croupe, se soutenaient par leur crédit et leur donnaient des présents, toujours aux dépens des contribuables.

La voracité de tous ces gens-là ne se contraignait pas devant la loi morale, pas même devant la loi civile. L'argent leur tenait lieu de mérite et les rendait effrontés. La France paraissait être abandonnée aux entreprises de leur audace. Ils faisaient tout leur bien du mal des autres. Les peuples gémissaient dans les provinces sous la main de l'exacteur, et il semblait que toute leur substance et leur propre sang même ne pouvaient pas suffire à la soif ardente du partisan. Le nombre des financiers ou gens employés à la levée des impôts, dépassait le chiffre de cent mille.

Il existait une immuable et presque sacerdotale permanence dans les manieurs de deniers publics. Les uns étaient riches, les autres le voulaient devenir, tous s'entraidaient pour piller l'Etat. Le crime de concussion était commis par le plus grand comme par le plus petit. Louis XIV passait à ses courtisans l'habitude d'exiger des pots-de-vin, des pensions, des gratifications inouïes à lever sur les fermiers généraux ou sur les Etats provinciaux. J'ai toujours entendu dire, écrit Barbier, qu'il suffisait d'être administrateur des hôpitaux pour s'enrichir.

On prête au cavalier Bernin ce mot : Le roi dit : Je vole mes sujets. — Le ministre dit : Je vole le roi. — Le tailleur dit : Je vole le ministre. — Le soldat dit : Je vole les uns et les autres. — Le confesseur dit : Je les absous tous. — Et le diable dit : Je les emporte tous cinq.

Devant ces sangsues, Fouquet avait fermé les yeux ; sa tolérance était calculée. Brillant, gracieux dans les formes, le surintendant laissait impunies les malversations dont il profilait, et la puissance des financiers allait croissant, comme leur fortune.

Qu'allait entreprendre le contrôleur général Colbert contre cette armée de pillards ? Aurait-il la force de secouer le joug ? Résisterait-il à la corruption ? Agirait-il conformément à ses principes ?

Colbert, pesant, austère et dur en apparence, possédait une bonté sérieuse, sans admettre de tempérament avec ce qu'il croyait criminel. Dévoué au service du roi, sincèrement, plein de foi dans l'avenir, clair et concis en ses discours, il écrivait à Louis XIV : Un repas inutile de trois cents livres me fait une peine incroyable, et lorsqu'il est question de millions d'or pour l'affaire de Pologne, je vendrais tout mon bien, j'engagerais ma femme et mes enfants, et j'irais à pied toute ma vie pour y fournir.

Enhardi par l'élévation des vues de Louis XIV, par les intentions que ce prince manifestait au début de son règne, Colbert trancha résolument dans le vif selon les vœux de l'opinion publique. Les excès des financiers appelaient une immédiate répression. Au lieu de hurler avec ses loups, ainsi que Fouquet, il convenait de les attaquer de front, d'oser les frapper sans merci, de leur faire rendre gorge.

Une chambre de justice, instituée en novembre 1661, eut en effet pour mission de punir exemplairement tous les auteurs et complices des crimes énormes de péculat qui avaient épuisé les finances et appauvri les provinces. Colbert n'hésita pas à supprimer toutes les élections créées depuis 1630, avec beaucoup d'autres offices de finances ; et il diminua le nombre des officiers dans les anciennes élections. Ceux-ci offrirent en vain jusqu'à soixante millions pour qu'on révoquât cette décision. Les offices supprimés furent remboursés sur le pied du prix que les acheteurs avaient réellement payé. Colbert suspendit les officiers des finances, et les mit en accusation devant la chambre de justice.

De plus, la révocation de toutes les aliénations de revenus consenties aux traitants sur les taxes de 1662, eut lieu impitoyablement. Des conseillers d'état, des maîtres des requêtes, des intendants et d'autres commissaires administrèrent les finances dans les généralités du royaume, et correspondirent avec l'administration centrale. Pendant ce temps, la chambre de justice examina tous les comptes des financiers depuis 1655 : elle condamna les plus coupables à la peine capitale, et les autres à l'amende ; elle soumit les accusés à cent dix millions de taxes. Quatre-vingts millions rentrèrent au Trésor.

L'exemple fut terrible. La chambre de justice siégea pendant quatre années. Tant de coupables présumés existaient, qu'il fallut la supprimer, parce que l'appréhension de ses recherches tenait les familles dans une inquiétude continuelle. Le mal semblait donc incurable.

Une fois décidé à rompre avec le passé, Colbert réduisit les intérêts au denier vingt ; il réduisit de cinq sous à quinze deniers par livre le droit que prélevaient les financiers pour le recouvrement de l'impôt. Il rendit viagers les offices de finances, qui étaient devenus héréditaires ; et même il les transforma, souvent, en simples commissions révocables à volonté. Les receveurs généraux durent signer des obligations à quinze mois, ce qui rendait le revenu public toujours disponible. Enfin les fermes de tous les impôts, de nouveau mises aux enchères, assurèrent au Trésor un bénéfice de trois millions.

III

COLBERT ET LOUIS XIV. - L'ÉTAT DE PRÉVOYANCE. - ORDONNANCES DE COMPTANT. — DIMINUTION DES TAILLES ; CADASTRE ; IMPÔTS INDIRECTS. - PRINCIPES DE COLBERT SUR LES EMPRUNTS. - APOSTROPHE À LAMOIGNON.

Ainsi le nouveau ministre agissait selon ses principes, sans se contenter de théories. C'était un esprit éminemment pratique, tournant les difficultés qu'il lui paraissait impossible de surmonter, et n'oubliant pas que son maître voulait commander sans partage. En conséquence, il flattait sous certains rapports les passions de Louis XIV ; émettait l'idée d'une réforme et se taisait, quand la volonté suprême y faisait opposition. Une gravure de Sébastien Leclerc, représentant Louis XIV et Colbert à Versailles, explique bien la position dans laquelle celui-ci se trouvait toujours vis-à-vis du maître. Le ministre poursuit avec calme la déduction de sa pensée, il lève les yeux pour épier les dispositions du roi, et pour saisir le moment où if pourra mieux faire subir à Louis XIV l'influence de sa conviction profonde.

Chaque année, — mémorable innovation, — Colbert dressait avec soin un état de prévoyance, c'est-à-dire un état des dépenses qu'on prévoyait avoir à faire, et des fonds ou revenus affectés à ces dépenses.

Le contrôleur général créa donc le budget : *registre-journal pour les dépenses* ; *registre des recettes* ; *registre des fonds*, où le roi faisait inscrire toutes les sommes disponibles. Les secrétaires d'État signaient les ordres de payement, le motivaient, le remettaient à la partie prenante, qui le soumettait au contrôleur général. Celui-ci soumettait les ordres au roi, puis assignait un fonds spécial pour le payement.

Mais à côté de ces rouages visibles, faciles à examiner, il y eut, pour les besoins de l'autorité absolue, des ordonnances de comptant, affectées aux dépenses secrètes de l'Etat, aux prêts et affaires extraordinaires tolérés. Ces ordonnances devaient suppléer, dans l'occasion, aux revenus ordinaires. L'objet de la dépense n'y était pas indiqué. Par conséquent, la cour des Comptes ne le connaissait pas. Louis XIV écrivait, de sa propre main : Je sais le motif de cette dépense. Cela suffisait. Les porteurs des billets signés par le roi touchaient l'argent sans donner de reçu.

Ces façons de puiser dans le Trésor, sans aucun contrôle, engendraient des abus dont nous avons connu les effets nous-mêmes, à l'époque où florissaient les fonds secrets. Colbert essaya-t-il de s'y opposer ? Rien ne nous éclaire à cet égard. Nous savons seulement qu'il s'empressa de régulariser les billets de payement, et qu'il engagea Louis XIV à se modérer. Chaque année, les ordonnances de comptant devaient être brulées en présence du souverain. Par malheur, on négligea ou l'on n'osa prendre cette précaution : il n'y eut pas de frein aux prodigalités royales qui, par la suite, entravèrent l'œuvre de Colbert et la mirent en péril.

Ce grand homme avait conçu le projet de rendre la taille réelle partout, sans distinction entre la noblesse et la roture. Ce projet, il ne l'exécuta pas, par crainte d'ameuter contre lui toutes les sortes de privilégiés, décidés à renverser

Colbert, s'il établissait l'égalité de l'impôt. Mais, tout en reculant devant une difficulté des plus graves ; le contrôleur général s'efforça de diminuer les tailles, qui s'élevaient à quarante millions ; et il y réussit. En outre, il supprima les sergents des tailles, qui pressuraient les contribuables, qui méritaient d'être appelés animaux terribles par les gens dont ils dévoraient la fortune.

Afin de répartir équitablement l'assiette de l'impôt, un cadastre fut exécuté dans quelques provinces, dans la généralité de Montauban, par exemple. Mais les guerres incessantes empêchèrent d'étendre cette institution à toute la France.

Une partie des dettes abusivement contractées par les villes, fut liquidée. En deux années, deux remboursements de rentes eurent lieu (1662, 1664), accrurent les revenus du royaume, et dégagèrent le domaine de l'État aliéné par les administrations antérieures. La publication d'un tarif des douanes mit à la place de taxes multipliées et changeant dans chaque province, parfois dans chaque canton, un droit simple et facile à percevoir.

Aux tailles Colbert préféra les aides ou impôts indirects. Il diminua le prix du sel ; il augmenta ou créa les taxes sur le café, le tabac, le vin, les cartes, la loterie, etc. Il porta ces taxes de quinze cent mille livres à vingt-un millions. L'impôt du tabac ne rendit d'abord que cinq cent mille livres ; vingt ans après, il en produisit seize cent mille, Mme de Montespan s'en était fait donner le revenu par le roi Colbert demanda et obtint qu'on retirât cette faveur ruineuse à l'altière maîtresse de Louis XIV. Les courtisans le trouvèrent bien audacieux.

Colbert fit revivre les dispositions des anciennes ordonnances de Sully, qui prescrivaient à tous les agents du Trésor la tenue d'écritures uniformes, ayant pour base un journal de leurs opérations, dont le résumé périodique devait parvenir à jour fixe dans les mains du contrôleur général. Ces agents, responsables, fournirent des cautionnements et des gages hypothécaires.

Il soumit à un tarif uniforme les douanes, qui se subdivisaient en impôts de mille sortes. A la guerre de Hollande, les étalagistes des halles, dans Paris, payèrent pour la première fois leur place au pavé. Cela fit du bruit dans les masses populaires, qui n'oublièrent jamais cette mesure du contrôleur général.

Par suite de son système arrêté, complet et conséquent dans toutes ses parties, ce qu'aucun administrateur des finances n'a osé comme lui, Colbert a parfois contrecarré des idées enracinées chez les hommes de son temps. Il suffisait d'un détail, lésant quelque corporation de métiers, pour rendre le contrôleur général impopulaire ; certaines opinions, aussi, contraires aux vues des flatteurs du roi, exigeaient de Colbert une véritable énergie de lutteur, énergie qui ne triomphait pas toujours.

Tel fut le sort de ses principes sur les emprunts, qu'il n'aimait pas, car il se rappelait les désordres du temps de Fouquet ; car il savait que l'emprunt grève l'avenir, profite surtout aux financiers ; car il considérait les emprunts comme désastreux sous un roi plein d'ambition, glorieux et prodigue.

Outre la guerre de Hollande, survenue en 1672, les plans de Louvois pour l'agrandissement de la France par les armes mirent à néant les idées pacifiques de Colbert. Avec l'esprit de conquête, les nécessités s'accrurent, s'accumulèrent. Pour fournir à l'Etat des ressources extraordinaires, il fallut avoir recours fréquemment aux emprunts.

Colbert n'y consentit qu'à contre-cœur. Le roi avait résolu de conférer avec lui, avec Louvois et le président Lamoignon, sur ce sujet si grave. Le projet des emprunts ayant prévalu, le contrôleur général exhala son mécontentement, au sortir de la séance.

— Vous triomphez, dit-il au président ; mais croyez-vous avoir fait l'action d'un homme de bien ? Croyez-vous que je ne susse pas comme vous qu'on pouvait trouver de l'argent à emprunter ? Mais connaissez-vous comme moi l'homme auquel nous avons à faire, sa passion pour la représentation, pour les grandes entreprises, pour tout genre de dépense ? Voilà donc la carrière ouverte aux emprunts, et par conséquent à des dépenses et à des impôts illimités ! Vous en répondrez à la nation et à la postérité !

Bientôt le contrôleur général s'efforça d'atténuer, du moins, le mal qu'il n'avait pu empêcher. Il chercha à se soustraire aux exigences des financiers. Pour que l'argent des prêteurs ne s'égarât pas dans leurs mains si souvent infidèles, il établit une caisse d'emprunt où les petits capitalistes purent verser leurs fonds, sans avoir besoin d'intermédiaires. En même temps, il recommença de prêcher au roi l'économie. Hélas ! sa voix criait dans le désert. Louvois réclama sans cesse de l'argent, nerf de la guerre, et Louis XIV ne cessa de le prodiguer, en ajoutant aux dépenses pour l'armée les dépenses pour les bâtiments.

En temps de paix, quels résultats excellents eût obtenus Colbert ? Une commission avait réformé une partie de l'administration des forêts qui, depuis quarante années, n'avaient produit aucun revenu convenable, et qui, en Normandie, étaient presque toutes aliénées. Assurément, les vues financières du rival de Louvois étaient fécondes. Mais, en temps de guerre, et sous la pression des circonstances, il dut employer des mesures extraordinaires pour procurer de l'argent à son maître. Refuser, c'était se condamner à disparaître ; c'était laisser la place libre à Louvois.

Alors, rejetant l'idée d'augmenter les fermes des impôts ou la valeur des espèces d'or et d'argent, il institua l'impôt du papier timbré. L'établissement d'une marque sur le papier et le parchemin, pour la validité des actes, a été l'origine de l'impôt du timbre, dont les gouvernements ont tant abusé depuis. On imita le papier marqué de l'Espagne, pour accroître considérablement les revenus de l'État.

IV

ADMINISTRATION DE COLBERT. - AGRICULTURE ET INDUSTRIE. - DÉFENSE D'EXPORTER LES GRAINS. - TRAVAUX POUR LA MARINE EN GÉNÉRAL. - COMPAGNIES. - CRÉATION DE PORTS. - RÉGIME DES CLASSES. - ÉCOLES DE MARINE. - FONDATIONS DIVERSES. - ORDONNANCE DE 1681. - ÉPIGRAMME CONTRE COLBERT, MINISTRE DE LA MARINE.

Après avoir énuméré les actes de Colbert financier, disons ce qu'il fut comme administrateur, par rapport à l'agriculture, à la marine, au commerce, à l'industrie, aux lettres, aux sciences et aux arts. Nous verrons ensuite combien il influa sur les réformes de la justice en France.

Ses principes en affaires agricoles ont essuyé les attaques d'une foule d'économistes, qui l'opposent à Sully et le déclarent coupable d'avoir favorisé les arts industriels au détriment du travail de la terre. Faute grave, qui a d ù nuire au sort des populations rurales dans les dernières années du règne de Louis XIV.

Certainement, Colbert négligea l'industrie de la terre. Les reproches qu'on lui adresse sont fondés. Sa seule excuse, quand il paraît oublier les laboureurs pour ne penser qu'aux artisans, est dans la situation prospère de l'agriculture, à l'époque où il administra la France, tandis qu'il fallait tout créer en manufactures.

Colbert se laissa entraîner par le désir de fonder l'industrie manufacturière, et si un mouvement de progrès se fit sentir dans les produits agricoles, ce fut seulement parce que le gouvernement acheta des bestiaux en Suisse et en Allemagne, afin d'améliorer nos bêtes à laine ; parce qu'il établit des haras où l'on croisa nos chevaux avec ceux de l'Afrique et du Danemark ; enfin, parce qu'il perfectionna la fabrication des vins, principalement des vins de Champagne, pour lesquels l'Europe commença à devenir notre tributaire, et qui, depuis, ont été pour nous une source de richesses.

Selon Colbert, une nation ne doit pas se borner au rôle du laboureur, ensemencer ses champs, récolter et vendre ses récoltes aux nations voisines, moyennant des objets manufacturés. Ses villes, en ce cas, ne seraient ni industrieuses, ni florissantes, ni nombreuses. Il importe qu'elle garde ses récoltes chez elle, pour les familles ouvrières qui viendront prendre place sur son territoire auprès des laboureurs. De la sorte, sa population augmentera beaucoup plus que par les conquêtes, et le bienêtre de la population suivra de près.

Conséquemment, le contrôleur général ne voulait jamais laisser sortir les grains que dans les temps de superfluité ; il ne permit, modéra ou défendit l'exportation des grains, dans chaque province, qu'après avoir comparé le produit de la récolte avec le développement delà population ouvrière. Son but évident consistait principalement à fournir aux manufactures naissantes des aliments à bas prix, à nourrir l'industrie par l'agriculture, à soumettre la terre à l'industrie, afin de les faire plus tard prospérer concurremment, en se prêtant une aide mutuelle.

Il parvint alors à tempérer la gêne momentanée qu'il causait aux propriétaires fonciers, en diminuant l'impôt de la terre et celui du sel. De grands travaux de voirie, des communications nouvelles, des péages supprimés ou allégés, des canaux terminés ou projetés, contribuèrent à la prospérité du commerce des grains à l'intérieur. Tels sont, au point de vue industriel et commercial, les actes les plus remarquables de son long passage au ministère.

Quant à la marine, estimant qu'elle ne doit pas seulement être bien dirigée en vue des guerres navales, mais qu'elle a droit d'obtenir une protection égale à celle dont le commerce a besoin, Colbert s'en occupa avec autant d'ardeur qu'il en montrait dans l'administration des finances.

Des règlements sur la navigation accordèrent des primes aux négociants qui feraient construire des vaisseaux au-dessus de cent tonneaux ; des prix furent décernés aux meilleurs constructeurs. Une prime encouragea les navires français allant dans la Baltique chercher des bois de construction, des goudrons, et d'autres produits du Nord. L'importante pêche de la morue, à Terre-Neuve, fut réglementée. On facilita les transactions, en déclarant les navires biens-meubles. Pour ranimer nos colonies languissantes, notre commerce écrasé par la concurrence hollandaise, Colbert plaça les flibustiers de Saint-Domingue sous la protection de la France, racheta les Antilles aux aventuriers qui en avaient pris possession, envoya des colons nouveaux à Terre-Neuve, à Cayenne, à Madagascar et au Sénégal, acheta les comptoirs de Chandernagor et de Pondichéry, expédia en Louisiane le voyageur Robert de La Salle, et enfin ferma nos colonies aux échanges de l'étranger.

Afin d'augmenter le personnel intelligent de la navigation commerciale, une ordonnance autorisa tous gentilshommes à prendre part dans les vaisseaux marchands, denrées et marchandises d'iceux, sans être censés déroger à noblesse, pourvu qu'ils ne vendissent point en détail.

En outre, il fut constitué un droit de naturalité pour les matelots étrangers ayant servi six ans sur les navires de la compagnie du Nord, qui jouissait du droit de faire le commerce des fanons et de l'huile de baleine.

Colbert ne toucha pas au monopole de la compagnie des Indes-Orientales ; il renonça pourtant au principe du commerce exclusif, et dota les compagnies nouvelles de certains avantages, en permettant aux particuliers d'organiser la concurrence. Il restaura le commerce du Levant, depuis longtemps déchu, en prêtant à une compagnie deux cent mille francs, en lui accordant une prime de dix francs par pièce de drap transportée en Turquie, et en lui attribuant divers autres privilèges. Il institua, à Paris et à Marseille, des compagnies d'assurances maritimes contre les grosses aventures et les périls de la mer, sur le modèle de celles qui existaient déjà dans plusieurs ports, mais avec des moyens beaucoup plus considérables.

Au grand profit de la marine en général, commerciale ou militaire, Colbert créa véritablement les ports de Brest et de Rochefort ; il ordonna de fortifier celui de Dunkerque racheté à l'Angleterre, et celui du Havre-de-Grâce ; il prépara l'agrandissement du port et de la ville de Toulon ; il projeta de développer Port-Vendres, tout près de l'Espagne, et d'établir un entrepôt pour la marine à Belle-Isle ; il entrevit la nécessité d'un port dans la rade de la Hougue Saint-Waast, où la France devait éprouver, en 1692, un épouvantable désastre !

Au sujet de la navigabilité des rivières, il reprit la trace de Sully. Il comprit l'inventeur Riquet, et le soutint pour la création du canal des deux Mers, faisant communiquer l'Océan avec la Méditerranée. La jonction des deux mers .fut opérée au printemps de 1681, six mois après la mort de Riquet, dont l'œuvre avait obtenu le patronage de Colbert qui adopta l'idée d'Henri IV, pour le canal de Bourgogne ; dont les travaux furent admirés par Vauban qui creusa, à son tour, le canal de la Brüsch, de Moltzheim à Strasbourg, consacré par une médaille portant que la Gaule était fermée aux Germains !

Avant le règne de Louis XIV, les hommes de mer préféraient le service du commerce au service du roi, qui les soumettait à un régime très sévère, et qui était pour eux improductif.

Si quelque guerre éclatait, il fallait les forcer à monter sur les vaisseaux de l'État. On fermait les portes ; on interrompait tout à coup les expéditions commerciales ; on faisait arbitrairement, par ruse et souvent par violence, la presse des matelots, encore en usage chez les Anglais pour le recrutement de la marine royale.

Voulant supprimer ce régime aussi grossier qu'injuste, mais partout pratiqué, Colbert se surpassa lui-même. Il imagina le régime des classes. Tous les matelots furent enrôlés dans les gouvernements de La Rochelle, de Brouage, des îles de Ré et d'Oléron, dans trois provinces maritimes. L'ordonnance du 17 septembre 1665 prescrivit de les diviser en trois classes, l'une desquelles sera censée engagée dès le premier jour de l'an, sous la caution des communautés des côtes maritimes, pour servir sur les vaisseaux de Sa Majesté, et, les deux années suivantes, sur les vaisseaux marchands ; et, ainsi, lesdites classes auront à rouler alternativement sur les vaisseaux de guerre de Sa Majesté et sur ceux des négociants.

L'essai réussit. Bientôt toute la France se soumit au régime des classes. En 1670, un premier recensement présenta un effectif de trente-six mille matelots, non compris les officiers, maîtres, patrons, novices et mousses. Le personnel des marins s'accrut d'année en année, d'autant plus que l'on rappela ceux qui, en grand nombre, servaient à l'étranger. On les menaça de peines rigoureuses s'ils oubliaient ce qu'ils devaient à leur naissance et à leur patrie. On montra une sévérité implacable : la désertion eut pour châtiment la mort.

Seulement, par excès de zèle, par passion pour la marine, par imitation de l'absolutisme royal, Colbert ne s'arrêta pas devant certaines mesures tout à fait condamnables. Afin d'augmenter le personnel des rameurs, on retint uniquement au bagne les galériens qui avaient achevé leur temps d'expiation, ainsi que cela se pratiquait précédemment ; on acheta des esclaves turcs aux Italiens, pour les garder sur les bancs, au lieu de les échanger contre les Français devenus esclaves de la Turquie ou des États Barbaresques ; on acheta même des esclaves chrétiens aux Turcs ! Le despotisme du souverain entacha le ministre.

Lorsque Colbert se fut assuré des matelots, au moyen de l'inscription maritime, aujourd'hui modifiée sans avoir dévié de son principe, il créa une compagnie de deux cents gardes de la marine ou gardes-marines (1668 à 1670), c'est-à-dire une sorte d'école pour former des officiers. Cent cinquante jeunes gentilshommes, avec cinquante soldats de fortune, y entrèrent ; et, plus tard, les gardes de la marine atteignirent le chiffre de huit cents. Hydrographie, géographie, mathématiques, manœuvre des navires et pilotage, telles étaient les études qu'on suivait dans ces écoles, établies dans les trois ports de Brest, de Rochefort et de Toulon.

Sous la Révolution, les gardes de la marine ont été remplacés par les aspirants de marine.

Colbert ne tarda pas à ordonner des travaux de description des côtes de France et des côtes étrangères ; il employa tous les moyens imaginables et possibles pour communiquer de l'ardeur aux élèves : grades, décorations collectives, etc.

De même, des écoles furent créées pour l'artillerie de marine.

La carrière maritime y gagna en prestige ; une foule d'officiers instruits formèrent un corps très-estimé. L'administration de la marine devint entièrement distincte du commandement militaire. Colbert ne fit d'exception que pour Duquesne, qui conserva son commandement d'escadre, tout en dirigeant les travaux de Brest. Les intendants des ports, les commissaires aux revues, les commissaires des ports, les constructeurs de navires, les directeurs d'arsenaux, furent continuellement inspectés. Deux intendances générales furent instituées ; l'une, à la Rochelle, pour l'Océan ; l'autre à Toulon, pour la Méditerranée. On retira aux capitaines de navires de guerre la paye des matelots et l'approvisionnement ; on leur interdit tout trafic, tout transport de marchandises.

Une carrière spéciale, celle des marins, commençait dès la jeunesse. Après les années de service, ceux qui l'avaient suivie étaient secourus par une caisse des Invalides de la marine, caisse fondée en 1674.

Aussi, quelle activité dans la flotte ! quels progrès dans son ensemble ! La propreté et l'arrangement des navires sont dignes d'entrer en comparaison avec ceux des Hollandais. La police des arsenaux et des vaisseaux est excellente. Les armements sont considérables, et Colbert condamne le luxe aussi bien dans le matériel que dans le personnel des officiers. En dix années, notre marine a pris des proportions énormes.

Nous avions trente bâtiments de guerre en 1661 ; on en compte cent quatre-vingt-seize en 1671, et 276 en 1683. Nos chefs s'appellent Tourville, Duquesne, d'Estrées, Forbin, Duguay-Trouin et Jean-Bart !

Le pavillon français flotte dans toutes les directions, grâce à Colbert. Nos relations avec les peuples éloignés sont incessantes. Notre importation n'envie rien à celle de nos voisins ; parfois elle la surpasse.

Ces travaux, ces projets grandioses, Colbert les a réalisés, pendant les six années de son contrôle général. Il a dirigé l'administration maritime, sous le couvert de Lionne, ministre des affaires étrangères. Louis XIV lui donne en 1669 le titre de secrétaire d'Etat de la marine.

Cette même année, l'amiralat, que Richelieu avait supprimé en 1626, fut rétabli, mais réservé, seulement comme distinction honorifique, aux princes qui portaient le nom d'Enfants de France. La plus haute dignité à laquelle pussent prétendre alors les chefs sérieux de l'armée navale, était celle de maréchal de France.

Venaient ensuite deux vice-amirautés, celle du Ponant ou de l'Océan, et celle du Levant ou de la Méditerranée, — qui datent de 1666. Etaient institués, enfin, les grades de lieutenant général des armées navales et de chef d'escadre.

Disons, en passant, qu'il existait quelque jalousie entre les Ponantais et les Levantins, jalousie qui s'est perpétuée, en s'adoucissant néanmoins, parmi les marins de la France.

A plus forte raison, les hommes du métier ne pardonnaient-ils pas à Colbert son incompétence en matière de science nautique, et plaisantaient-ils sur les fonctions qu'il remplissait, lui qui n'avait jamais navigué sur le plus mince esquif. Ses actes féconds répondirent à leurs paroles de dénigrement.

Colbert, qui ouvre la série des ministres civils de la marine, ministres presque toujours préférables aux gens trop spéciaux, trop dominés par l'esprit de corps ; Colbert, qui a rêvé la conquête d'Alger ; Colbert, qui a utilisé merveilleusement les connaissances hors ligne de l'ingénieur Bernard Renau, dit le petit Renau, dans les constructions navales, couronne son œuvre par une ordonnance de la marine (1681) restée célèbre en Europe, et regardée comme te code maritime des nations civilisées.

Cette ordonnance, divisée en cinq livres, s'occupe des officiers de l'amirauté et de leur juridiction, organise fortement les commerçants et les navigateurs français dans les échelles du Levant, de manière à soutenir chez les étrangers notre honneur et nos intérêts. Elle exige des garanties de capacité de la part des capitaines, maîtres et patrons de navires ; elle règle les contrats maritimes ; elle établit une bonne police des ports, côtes, rades et rivages de la mer ; enfin elle traite de la pêche, qui est déclarée libre et commune à tous les sujets du roi.

Ce chef-d'œuvre compose en grande partie le second livre de notre code de commerce. De même, l'ordonnance de 1673, rédigée par le négociant Jacques Savary, et bientôt intitulée, Code des Marchands, est la base de notre législation commerciale actuelle. Le code des Marchands comprend douze titres de commerce général. Pussort rendait hommage au célèbre négociant, en appelant son œuvre Code Savary.

En toute occasion, la pensée de Colbert se manifeste, claire, sage, lumineuse, précise, inspirée par l'amour du pays. Il a travaillé aussi au code des armées navales qui parut en 1689, sous le ministère de son fils Seignelay.

Néanmoins, contre Colbert, de médiocre naissance et ministre civil de la marine, on publia nombre d'épigrammes, parmi lesquelles je citerai ce triolet, que les courtisans redisaient dans les salons du roi :

> Si chacun faisait son métier,
> Les vaches seraient mieux gardées ;
> Colbert serait un gros drapier,
> Si chacun faisait son métier.
> Colbert serait un gros drapier,
> Et la flotte serait sauvée.
> Si chacun faisait son métier,
> Les vaches seraient mieux gardées.

V

COMMERCE INTÉRIEUR. - MANUFACTURES. - INDUSTRIE. - VAN ROBAIS. - ÈRE NOUVELLE. - LE COLBERTISME. - TYRANNIE INDUSTRIELLE. - MANIE DE RÉGLEMENTATION. - MORALITÉ DU COMMERCE.

Autant Colbert facilitait la marine, le commerce extérieur, autant, en multipliant les établissements utiles, il s'efforçait de donner au commerce intérieur une impulsion irrésistible. La nation, selon lui, devait fabriquer chez elle tous les objets qui ne dépendaient que de la fécondité de l'industrie. Elle devait se soustraire au joug de l'étranger par l'effet de ses productions propres et de son génie commercial.

Jusqu'alors, l'Italie presque seule nous avait fourni ces magnifiques étoffes d'or et d'argent qui, avec les soieries de toute espèce, faisaient le fond de la toilette dans les hautes classes de la société. A peine quelques manufactures produisaient, en étoffes d'or et d'argent, un peu de marchandises communes. Colbert encouragea les ateliers qui existaient, de telle sorte qu'ils pussent perfectionner leurs produits. Il en créa de nouveaux.

Le rétablissement de la manufacture des tapisseries de la couronne en la maison des Gobelins, fut effectué en 1666, date remarquable dans l'histoire de l'ameublement. Le peintre Lebrun composa des dessins sur lesquels on travailla dans l'Hôtel royal des Gobelins. Là, Colbert forma une espèce d'école d'arts et métiers. Il réunit des tapissiers, des peintres, des orfèvres, des ébénistes, des sculpteurs, des émailleurs et des graveurs, fabriquant des meubles pour les châteaux de Sa Majesté. Loret, dans sa Muse historique, vanta beaucoup

> Les superbes broderies
> Que l'on fait pour Sa Majesté,
> En certain logis écarté,
> Clair, plaisant, et point du tout sombre,
> Où des ouvriers, en grand nombre,
> Travaillent l'hyver et l'été
> Avec grande assiduité...

De Venise nous venaient les glaces. Il fallait échapper à ce monopole de la fabrication étrangère ; et bientôt nos manufactures ne produisirent pas seulement des ornements splendides affectés aux demeures princières, mais encore des objets d'un prix modéré, susceptibles de figurer dans les plus simples habitations.

Colbert attira eu France des ouvriers habiles, chercha à dérober des secrets d'industrie aux nations voisines, et encouragea de mille manières les artisans français. Ses subventions furent distribuées avec intelligence. Il avançait deux mille livres par chaque métier battant, outre des gratifications considérables accordées aux maîtres et aux ouvriers.

Alors, par son impulsion, le travail des dentelles, des broderies, des points à l'aiguille se répand, principalement dans les provinces du Nord ; et en même temps des manufactures nombreuses fournissent aux besoins de la consommation générale. Successivement, Colbert fonde (1665) à Tourlaville, près de Cherbourg — plus tard à Paris, et ensuite 1691, à Saint-Gobain, où il en existe encore — les premières fabriques de glaces. Il introduit chez nous l'industrie des bas d'estame ou de laine, jusqu'alors importés d'Angleterre. Une manufacture de bas de soie est établie (1669) dans le château de Madrid, au bois de Boulogne. En février 1665, dit Oudart-Coquault dans ses *Mémoires*, les étoffes de nos manufactures se débitent et enchérissent ; on fait des estamines raz, à haut compte, façon de celles qui se font au Lude en Poitou. Monsieur Colbert, bienvenu du Roy, dispose, *pour l'amour de sa patrie*, les seigneurs à en porter à leurs habits, et cela les met en mode.

Le Hollandais Van Robais, qui avait créé une fabrique de draps à Abbeville, était un protestant, et l'évêque d'Amiens le tracassait à un tel point que l'on pouvait craindre son départ. Colbert, favorable aux réformés, à cause de leurs talents dans les arts, dans l'industrie et dans la marine, sut protéger Van Robais efficacement. Nos Français firent des draps de Sedan, des draps communs d'Elbeuf, des draps de Louviers, dont la fabrique s'organisa plus tard. Ils firent des feutres à Caudebec, des toiles en Bretagne, des étoffes de laine dans le Languedoc.

Des raffineries de sucre s'élevèrent à Bordeaux, où abondaient les navires venant de la Martinique.

Un grand mouvement s'opéra dans le monde des artisans. On compta en 1669 quarante-deux mille deux cents métiers, pour la laine seulement, dans le royaume, et plus de soixante mille ouvriers. Seize cents jeunes filles s'occupèrent des dentelles. Des principales ouvrières, venues de Venise ou de Flandre, furent installées au Quesnoy, à Arras, à Sedan, à Château-Thierry, à Loudun, à Alençon, à Aurillac. Elles formèrent des élèves. A Auxerre, on travailla le point de France : sur dépêche de Colbert, les jeunes filles qui se rendaient sans retard à la manufacture, furent récompensées par les échevins. Lyon eut des fabriques de soieries plus florissantes que celles de Tours, rivalisant avec celles de Bologne pour les crêpes, avec celles de Milan pour les étoffes brochées d'or.

Antérieurement, il existait en France une seule manufacture de fer-blanc. Colbert appela d'Allemagne des ferblantiers. Le savon venait d'Italie ; le contrôleur général établit des savonneries. Il créa des manufactures de toiles dans le Dauphiné, fit fondre des canons, forger des armes à Saint-Etienne et dans toute la Bourgogne. L'horlogerie fut perfectionnée. La culture de la garance, naguère abandonnée, se raviva vers 1671. Quelques industriels montèrent des moulins à fer et des aciéries, — des verreries, — des cristalleries, — des corroieries, — des tanneries, etc. Le secret de la trempe de l'acier avait été dérobé aux Anglais, et nous inventions des machines à draguer, des scieries, des métiers à bas et à rubans. La Rochelle possédait une manufacture de tabac, dont plusieurs généralités eurent permission de faire la culture.

La France posséda, vers 1697, deux cent mille marchands, soixante mille aubergistes ou cabaretiers, trois millions d'artisans maîtres, garçons, aides ou manœuvres.

Par le travail manuel, venant se joindre au progrès par les lettres, les sciences et les arts, la civilisation se répandait au sein des masses. La puissance de notre nation était décuplée.

Tous ces hommes essentiellement énergiques qui, depuis les commencements de la monarchie, avaient développé les ressources des métiers, qui avaient concouru au bien-être des populations et s'étaient affranchis du servage par l'industrie, pouvaient marcher désormais la tête haute. On les estimait à leur juste valeur. Colbert les regardait comme des conquérants plus utiles que les hommes d'épée, car ceux-ci perdent le lendemain ce qu'ils ont gagné la veille au jeu des combats. Les triomphes des travailleurs ne coûtaient pas une goutte de sang ; au lieu de ravager avec les armes, ils fécondaient avec les inventions. En un mot, le producteur allait bientôt obtenir le rang qu'il méritait, et que la société lui avait si longtemps refusé.

Une ère nouvelle était inaugurée. Les Français devaient marcher dans cette voie qui mène à l'égalité, où les hommes de labeur l'emportent sur les oisifs et se placent pour le moins à leur niveau. L'économie sociale étendait son horizon.

Plus d'activité, plus d'émulation et de confiance se rencontraient chez les classes laborieuses, parce que plus de satisfactions étaient promises à leurs efforts persévérants. Elles gagnaient de l'influence morale, en attendant qu'elles comptassent dans l'administration et la politique. Leur position, cessant d'être besogneuse, atteignant quelquefois à l'aisance, même à la richesse, ne pouvait pas tarder à contrebalancer la prépondérance des classes privilégiées, dont les prodigalités devaient fatalement causer la ruine.

Après avoir été bâillonné au sein du parlement, le tiers état s'émancipait chaque jour davantage, parce qu'il possédait la plus grande partie de la fortune mobilière de la France. Les industriels et les marchands lui donnaient de nouvelles forces ; les simples artisans aspiraient peut-être à en faire partie, ou, tout au moins, ils prenaient la route conduisant à une rénovation sociale.

C'est ici le lieu d'examiner le Colbertisme, le système prohibitif et protectionniste du contrôleur général, contre lequel bien des économistes se sont élevés.

N'oublions pas que Colbert, ainsi qu'on l'a vu, était le gérant d'une administration despotique ; qu'il ne pouvait se dégager entièrement des idées de son époque, ni faire passer dans le domaine de la pratique certaines théories que nos modernes ont raison d'appliquer, et dont il réclamerait peut-être aujourd'hui le triomphe, s'il vivait encore.

Du temps de Colbert, le pouvoir ne trouvait d'entraves à ses volontés que dans les impossibilités de fait. Il fallait se retirer du ministère ou accepter la situation telle que Louis XIV l'avait établie, en concentrant dans sa personne toutes les forces dont ses prédécesseurs avaient doté la royauté.

D'abord, depuis les origines, le droit de travailler était royal et domanial. Le souverain prescrivait la manière de travailler. Louis XIV avait la haute main sur les corporations des métiers, et Colbert diminua seulement d'anciens privilèges qui existaient dans les maîtrises, sous l'œil vigilant de l'autorité. La liberté du travail, pour les artisans et les marchands, cessait d'avoir cours, d'après le bon plaisir de l'administration.

Il restait quelque chose de la corvée dans l'organisation du travail, surtout du travail public. Vauban, Vauban lui-même, envoyait chercher les ouvriers occupés pour les fortifications de Lille, quand ils manquaient ; des gardes, ordre en poche et un nerf de bœuf à la main, allaient requérir les maçons déserteurs au fond de leur village, et les amenaient par les oreilles sur leur ouvrage. Un édit de juin 1670 enjoignait aux carriers de Saint-Leu, Montmartre, etc., de travailler dans les carrières, et leur faisait défense d'aller aux foins, blés et vendanges, afin de ne pas retarder les bâtiments du roi.

On ne craignit donc pas d'employer la contrainte pour fournir des ouvriers aux manufactures, ou pour les y faire demeurer malgré eux. Les cabaretiers reçurent l'ordre de ne pas leur donner à boire et à manger, avant ou après les heures des repas. Le travail, non libre, devenait obligatoire. Selon l'ordre du roi, il fallait se mettre à la besogne ou paraître en état de rébellion.

Comme il l'avait fait afin d'augmenter le personnel des marins, Colbert usa de mesures arbitraires pour activer le développement de l'industrie nationale. Deux fabricants de velours épingle ayant essayé de quitter Lyon pour aller s'établir à Florence, il ordonna de les arrêter et de les juger. Comme les codes ne prévoyaient pas ce cas particulier, le contrôleur général traça une ligne de conduite aux juges embarrassés, en leur écrivant : N'y ayant rien dans les ordonnances sur un fait de cette qualité, cette peine devait être à l'arbitrage des juges... de toute manière il fallait bien prendre garde que ces gens-là ne sortissent du royaume. Un ouvrier s'était enfui à Lisbonne, afin d'y fonder une manufacture de draps. Colbert écrivit à l'ambassadeur de France en Portugal de prévenir le fugitif que cela déplairait à Louis XIV et pourrait nuire à sa famille.

Suivant ces habitudes de traiter l'industrie militairement, tyranniquement, comme les chefs d'armées traitaient leurs troupes, Colbert réglementa sans cesse. Beaucoup de gens le lui ont reproché avec raison. Les manufactures et les fabriques, les statuts des anciennes corporations, les longueur, largeur et qualité des produits, rien n'échappa à son inspection. Dans tous les Hôtels de Ville il y eut des chambres de communauté pour juger les défectuosités des marchandises, pour retenir dans le devoir les jurés et les ouvriers. Des peines sévères atteignaient les délinquants.

C'était aller trop loin ; c'était assujettir l'industrie à une sorte de police tracassière. Les règlements étaient exclusifs. L'artiste ne pouvait s'en écarter ; la stricte exécution en était commandée, remarque Chaptal, et les inspecteurs brisaient les métiers, brûlaient les étoffes, prononçaient des amendes toutes les fois qu'on se permettait quelques changements dans les méthodes adoptées.

Sous ce rapport, les prescriptions de Colbert ne serviront point, parce que Leur exécution était impraticable, parce que les subalternes, d'ailleurs, n'imitaient pas la probité du ministre, et semblaient se plaire à molester l'industriel, ou à lui arracher des pots-de-vin.

Facilement, au contraire, on soumit toutes les transactions à une règle uniforme et minutieuse touchant la tenue des livres, le mode des paiements, les lettres et billets de change, la contrainte par corps, les sociétés de commerce, les faillites, les banqueroutes et la juridiction des tribunaux de commerce. La moralité des affaires y gagnait. Celte amélioration compensait bien quelques abus administratifs. Elle a, par la suite, produit des résultats excellents.

Dans son zèle exagéré pour réglementer, Colbert ne recula pas devant les prohibitions contre les importations étrangères. On compte quarante-trois règlements et instructions faits par lui, et concernant les manufactures du royaume. Il protégeait ainsi, d'une manière absolue, notre industrie nationale. Son système présentait alors plus d'avantages que d'inconvénients. La protection, qui nuit à une industrie développée, est indispensable aux progrès d'une industrie naissante. Puis, la prohibition existait partout, en Hollande, en Angleterre, en Irlande, où un étranger, convaincu d'avoir acheté des laines pour l'exportation, s'était vu couper le bras. Colbert n'eut obtenu aucune réciprocité. Il le savait, et il suivait le courant des idées admises en Europe.

Parmi les actes du contrôleur général, citons sa déclaration qui interdit l'entrée en France des dentelles de Venise. Pour nous réserver exclusivement les cuirs, peaux en poil et poil dé chèvre, il augmenta sur ces objets les droits de sortie ; il doubla presque ceux d'entrée sur la draperie, les lapis, les cuirs fabriqués, les toiles, les sucres, les huiles de poisson, les glaces et le fer-blanc. Toujours suivant son principe, il réduisait les droits à la sortie sur les denrées et les produits des manufactures françaises, il diminuait aux entrées les droits sur tout ce qui servait aux fabriques, et il repoussait par l'élévation des droits le produit des manufactures étrangères.

Si le régime protectionniste pesait sur le négoce des nations rivales, Colbert cherchait, d'autre part, à attirer les étrangers dans Marseille et dans Dunkerque, pour qu'ils y fixassent leurs magasins. Tout étranger qui s'établissait dans une de ces deux villes, déclarées ports francs, était exempt du droit d'aubaine, de ce droit insensé, comme l'appelle Montesquieu, de ce droit qui assimilait les étrangers à des épaves, et attribuait au roi leur succession pour les biens situés sur le territoire français.

En outre, décidé à être plutôt un peu dupe des marchands que de gêner le commerce, Colbert veillait soigneusement à toutes les choses du négoce ; il assurait la liberté des grandes foires, multipliait les tribunaux consulaires, consacrait les arbitrages, condamnait les intérêts composés, et soumettait la lettre de change à la compétence des consuls.

Certes, en préservant le commerçant de la mauvaise foi, de la chicane et de l'usure, le ministre protégeait le monde des affaires, à une époque où la libre concurrence étrangère était pleine de hasards pour nous, qui commencions notre carrière industrielle et commerciale. Plus tard, la maxime laissez faire, laissez passer a pu établir sans danger la concurrence générale ; plus tard le libre-échange a pu se produire avec succès, justement parce que Colbert donna à l'industrie et au commerce de la France une force de cohésion, une virilité, une puissance d'expansion inexpugnable.

Le système protectionniste a été une transition. Admissible quand l'industrie et le commerce 'existaient à peine, il perdit toute valeur quand notre pays se distingua parmi les plus commerçants et des plus industrieux.

VI

MOUVEMENT DES LETTRES, DES SCIENCES ET DES ARTS. - ACADÉMIE DES INSCRIPTIONS ET BELLES-LETTRES ET ACADÉMIE DES SCIENCES. - OBSERVATOIRE ; JARDIN DES PLANTES. - ACADÉMIE DE TEINTURE ET D'ARCOITECTURE. - PARIS EMBELLI ET ASSAINI. - ACADÉMIE DE FRANCE À ROME. - GRATIFICATIONS AUX SAVANTS ET AUX GENS DE LETTRES. - BIBLIOTHÈQUE ROYALE.

Ne croyez pas que tant de soins immenses, que tant de détails prosaïques des finances, de la marine, de l'industrie et du commerce, absorbent toute la pensée du contrôleur général.

Non, non ; cet émule de Richelieu, et noua pouvons le dire avec Louis Blanc, ce Richelieu de la paix contribue aux progrès de la civilisation par l'attention qu'il porte aussi sur le mouvement des lettres, des sciences et des arts.

Il fonde l'Académie des Inscriptions et belles-lettres. Prévoyant qu'il aurait à faire élever beaucoup de monuments à la gloire du roi, à faire frapper des médailles pour consacrer la mémoire de ses grandes actions, il forme une espèce de petit conseil de gens de lettres auquel il peut demander les plus belles inscriptions, les plus belles devises pour les arcs de triomphes, les médailles et tous les divertissements de la cour.

Il fonde ensuite l'Académie des sciences, qui doit sa naissance à une société de savants et d'amateurs ayant eu parmi ses membres Descartes, Gassendi et Blaise Pascal, société transformée par Colbert en institution royale. Là, une pléiade d'hommes éminents, destinés à rechercher les secrets de la nature et à perfectionner les arts, reçoit un fonds pour frais d'expériences et d'instruments. Colbert lui adjoint des préparateurs et des aides ; Louis XIV lui donne des pensions. Le 22 décembre 1666, l'Académie des sciences ouvre ses séances dans une des salles de la Bibliothèque du roi, et, dès son origine, elle est à la fois très-laborieuse et très-jalouse de ses-prérogatives.

Même au point de vue purement économique, comme l'a remarqué Jean Reynaud, ces deux fondations ont encore leur importance. Les sciences physiques et chimiques servent au développement du commerce et de l'industrie. Le temps le démontrera surabondamment. En outre, l'élégance du style et la vue claire des siècles qui nous ont précédés, donnent une physionomie particulière aux productions des arts. Colbert, ayant réfléchi que le goût qui n'est qu'un sentiment parfait des convenances, présume, dit Necker, que l'habitude de distinguer de bonne heure ces fils imperceptibles qui séparent la grâce de l'affectation, la simplicité de la négligence, la grandeur de l'exagération, influera de proche en proche sur l'esprit national, et perfectionnera ce goût qui fait aujourd'hui triompher les Français dans tous leurs ouvrages d'industrie.

La fondation de l'Observatoire, si nécessaire aux travaux astronomiques, est considérée par Colbert comme fort utile au commerce, parce qu'elle donne un nouvel essor aux progrès de la navigation.

Il établit au Roule une pépinière pour les maisons royales, pépinière ressemblant presque à une école qui profitera plus tard à tout le monde.

Nous devons à ce ministre l'institution définitive du Jardin des Plantes, immense laboratoire pour les sciences naturelles, où les collections les plus intéressantes seront bientôt rassemblées. Nous lui devons l'Académie de peinture, celle d'Architecture, et l'Ecole de France à Rome. Colbert témoigne à la première le désir sincère dont il est animé pour élever les beaux-arts, et particulièrement ceux de la peinture, au plus haut degré, et il promet à l'Académie toutes les grâces et toutes les faveurs qui pourront contribuer à cette heureuse fin, exhortant tous ses membres d'y concourir de tout leur pouvoir. Par ses soins, ce que l'on nomme le Cabinet du Roy, au Louvre, renferme une quantité considérable de toiles importantes, des œuvres de Raphaël, de Léonard de Vinci, du Titien, de Van-Dyck, du Poussin, de Rubens, et d'une foule d'autres maîtres.

L'Académie d'Architecture, datant de 1671, fermée à la foule, ne coûte au roi que trois mille cinq cents livres par an.

Sous l'administration de Colbert, le Louvre, les Tuileries, et nombre d'établissements d'utilité publique ou de plaisir, sont construits ou achevés. L'art et la science embellissent, assainissent la ville de Paris, dotée d'un nouveau pavé en 1669, éclairée la nuit par des lanternes. Des quais s'élèvent, depuis le pavillon des Tuileries jusqu'à la porte de la Conférence et jusqu'à l'extrémité du pont Notre-Dame. Vingt rues sont élargies. Un bras insalubre de la rivière des Gobelins est supprimé dans le faubourg Saint-Marceau. Au Cours-la-Reine, dans tous les Champs-Elysées s'alignent des plantations d'arbres. Trois fontaines augmentent la distribution des eaux nécessaires aux habitants. En continuant le rempart commencé par Henri II, le ministre donne à Paris ses anciens boulevards, si longtemps renommés.

Paris, étant la capitale du royaume et le séjour des rois, dit quelque part le contrôleur général, il est certain qu'elle donne le mouvement à tout le reste du royaume ; que toutes les affaires du dedans commencent par elle. C'est ce qui doit obliger mon fils à bien savoir l'ordre général de cette grande ville.

Ces lignes méritent d'être citées. Elles font honneur au ministre qui ne sacrifia point Paris à Versailles.

Une Académie de France à Rome, dont la première idée, vient, assure-t-on, du peintre Charles Lebrun, est instituée par Colbert, en 1666. Elle doit servir d'Ecole supérieure pour les élèves qui ont remporté des prix à l'Académie de peinture de Paris. On sait ce que fut, ce qu'est encore l'institution de la Villa-Médicis.

Enfin l'Académie royale de Danse et une Ecole de chant et de déclamation, sont établies avec privilège. Le contrôleur général ne néglige rien de ce qui Se rapporte au délicat plaisir du théâtre, et rarement, à cet égard, il se trouve en contradiction avec Louis XIV. En même temps, il protège les comédiens de bois, les marionnettes, qui amusent tant les Parisiens de son époque.

Ici se place naturellement le chapitre des gratifications accordées par le roi aux savants et aux hommes de lettres.

Suivant les ordres de son maître, Colbert chargea Chapelain de dresser une liste des écrivains qui lui semblaient avoir le plus de droits à la munificence royale. Sur quatre-vingt et une personnes indiquées, il y eut soixante gratifiés.

Au nombre des gratifiés, — c'est ainsi que le public les appelait, — on comptait quarante-cinq français et quinze étrangers. L'orque le contrôleur général adressait des dons à ceux-ci, il leur écrivait ordinairement des lettres très-flatteuses. Il disait à Isaac Vossius, de Leyde : Quoique le roi ne soit pas votre souverain, il veut néanmoins être votre bienfaiteur. Il attira à Paris Cassini et plusieurs savants non français. Le célèbre Baluze et le poète satirique Boileau furent aimés de Colbert, dont Jean Racine éprouva les libéralités en 1660, au sortir du collège, en récompense d'une ode sur le mariage du roi. Pierre Corneille eut deux mille livres de pension, et Mézerai, quatre mille.

Alors comme sous les règnes qui précédèrent et suivirent, la poésie officielle devenait le canal des faveurs. Louer le monarque ou ses ministre, s'échauffer outre mesure à propos d'une naissance royale, d'un passage de rivière ou d'une victoire à peu près gagnée, c'était acquérir des droits à une pension, à une grâce quelconque.

Colbert donna dans ces travers de Mécènes, et, il faut le reconnaître, ses libéralités ne furent pas toujours distribuées avec pleine justice. En effet, si Pellisson, l'ami de Fouquet, eut pour bienfaiteur le contrôleur général qui s'honora publiquement de son estime, Jean la Fontaine demeura dans l'oubli, et ne dut se présenter à l'Académie française qu'après la mort de Colbert. Cela vient de ce que l'élégie de La Fontaine aux Nymphes de Vaux ne sortait pas de toutes les mémoires ; de ce que le fabuliste avait écrit ce vers :

Et c'est être innocent que d'être malheureux.

Des écrivains très-médiocres eurent une large part des dons de la cour, après avoir obtenu la protection de Colbert. Nommons l'abbé Cotin ; Chapelain, auteur de la *Pucelle*, fort connu pour son avarice, et regardé comme le plus grand poète français qui ait jamais été ; Claude Boyer, déplorable auteur dramatique, célèbre par ses chutes ; l'abbé Cassagnes, que les sarcasmes de Boileau ont surtout fait connaître, et dont on fit un garde de la Bibliothèque du roi ; Desmarets, enfin, que la liste présente comme le plus fertile auteur et doué de la plus belle imagination qui ait jamais été.

Faut-il penser que, dans la distribution de ces libéralités, Colbert se laissa dominer par les coteries des courtisans ? Quelques critiques ont adopté cette opinion, à laquelle nous ne pouvons nous associer complètement, après avoir étudié le caractère de ce ministre. Nous Croyons plutôt que Colbert protégeait les artistes et les savants par devoir d'homme d'Etat, sans être dirigé parce goût natif que développe une instruction littéraire. N'oublions pas que, d'après le portrait tracé par Choisy, une application infinie et un désir insatiable d'apprendre lui tenaient lieu de science. Ce fut comme personnage puissant, peut-être comme grand seigneur, que l'Académie française le reçut parmi ses membres en 1667.

Il augmenta la Bibliothèque royale et le cabinet des médailles, qu'il transporta de la rue de la Harpe dans la rue Vivienne, dans deux maisons contigües qui-lui appartenaient. Il l'enrichit des manuscrits de Béthune, de Brienne ; des livres de Gaston, duc d'Orléans ; des collections de Mazarin, etc., etc. Il conçut le dessein de faire tirer des copies authentiques des titres et des autres monuments historiques conservés dans les archives des provinces ; et les amis de la science virent arriver, en 1670, quarante-quatre ballots de copies envoyées du Béarn et du Languedoc, que l'on fit relier en maroquin et distribuer en 340 volumes in-folio. Ce recueil, joint à ceux que la Bibliothèque reçut, après la mort du grand ministre, a formé ce que l'on appelle le fonds de Colbert, et le fonds de Doat.

Tout ce qui contribuait à augmenter la puissance de l'esprit humain, lui semblait propre a augmenter aussi celle du royaume. Il tendait aux conquêtes pacifiques, obtenues par les académies, les musées, les bibliothèques/les grandes écoles ;

— comme Louvois tendait aux conquêtes guerrières et à l'agrandissement du territoire, obtenus par les batailles, au besoin par les massacres des Cévennes et par l'incendie du Palatinat.

VII

REFONTE DES LOIS CIVILES ET CRIMINELLES. - ORDONNANCE DE PUSSORT OU CODE LOUIS. - DEMI-SUCCÈS. - INSUFFISANTE RÉFORME CRIMINELLE. - HYPOTHÈQUE. - RÈGLEMENT DES EAUX ET FORÊTS. - JUSTICE ; CONSEIL DE POLICE. - L'ESPIONNAGE EST ÉTABLI. - ABUS.

Dans les diverses branches d'administration que nous venons d'examiner, Colbert avait agi directement, suivant ses idées personnelles, en homme spécial.

Son action ne se borna pas là. Elle s'étendit jusque sur la justice et la police, par influence indirecte.

Non-seulement il applaudit aux Grands jours d'Auvergne, punissant les crimes commis par les petits tyrans de province ; non-seulement il poussa au châtiment des financiers concussionnaires, ainsi que nous l'avons vu ; mais il s'occupa de la législation générale. Soit qu'il accordât pleine confiance à son oncle Henri Pussort, conseiller d'Etat, un des juges les plus violents de Fouquet, soit qu'il inspirât les travaux de ce jurisconsulte dont il servit la fortune, le contrôleur général n'en partagea pas moins la gloire de Séguier dans une refonte des lois civiles et criminelles.

Une commission, ayant pour but d'améliorer la législation en France, examina des ordonnances spéciales, non un code d'ensemble, et ces ordonnances remarquables, successivement promulguées, résumèrent les lois et la jurisprudence sous le règne de Louis XIV, coordonnèrent les matières diverses confondues dans les actes législatifs des règnes précédents.

Assurément Louis XIV n'admettait pas, dans toutes ses conséquences logiques, l'égalité devant la justice. Cependant, sa volonté étant réservée, son rôle de suprême justicier étant maintenu, quand il s'agissait d'exécuter la loi contre certains privilégiés, surtout contre ceux qui étaient tombés en disgrâce, ce prince laissait agir les magistrats. Il encouragea les travaux de la commission qui ramenait la jurisprudence à l'unité.

La première ordonnance, parue en 1667, traita de la procédure civile. On l'appela Ordonnance de Pussort, parce que l'oncle de Colbert, esprit net et positif, ayant beaucoup de lumières, extrêmement laborieux, et toujours à la tête de toutes les grandes commissions du conseil et de toutes les affaires importantes du royaume, fut chargé par le roi de travailler à sa rédaction. Pussort dressa le plan des articles, et brilla par son assiduité aux séances, auxquelles Colbert, d'ailleurs, prêta la plus scrupuleuse attention.

Après quelques dispositions complémentaires, l'Ordonnance de Pussort fut qualifiée de Code Louis par les flatteurs du roi, qui facilement s'attirait un abîme de bénédictions et de gloire, au dire de Colbert lui-même.

Ce code hâta l'expédition des affaires et établit une procédure uniforme, obligatoire pour tous les tribunaux, réprima les abus de la preuve testimoniale, et abrogea les propositions d'erreurs contre les jugements en dernier ressort. Mais les prérogatives de la royauté n'en furent pas touchées, car le roi connut encore, par évocation, de certaines affaires. La magistrature, dont le code Louis supprimait plusieurs abus, fit quelque apposition, assez faible et peu motivée, lorsque vint l'heure de l'enregistrement. Par suite des difficultés dans l'exécution de la loi et du mauvais vouloir des magistrats, la chicane eut

Ses griffes vainement par Pussort raccourcies,

et les réformes opérées par Séguier, avec toutes les sympathies et tous les efforts de Colbert, n'obtinrent qu'un demi-succès.

Quant à la réforme criminelle, opérée en 1670, il faut constater son infériorité, si on la compare à la réforme civile de ce temps. Elle est la moins heureuse, parmi celles que Colbert a accomplies. A peine entre-t-elle dans la voie des adoucissements en assurant aux prisonniers un traitement convenable, en les protégeant contre la brutalité et la cupidité des gens préposés à leur garde. On n'y signale aucune réaction contre la torture, contre les procédures secrètes, contre toutes les habitudes et les formes barbares de la justice au moyen-âge. Alors le sobriquet de *vir marmoreus* ajouté au nom du ministre ne semble point exagéré ; son inflexibilité éclate dans les ordonnances relatives à l'instruction criminelle, quoique Colbert ait défendu (1692) aux juges de recevoir des procès de sorcellerie, sources d'abus monstrueux.

Malheureusement, les ordonnances criminelles devaient demeurer en vigueur, régir la France jusqu'à la Révolution, et retrouver encore des approbateurs dans les hommes qui ont rédigé le préambule de la Charte de 1814, après avoir été louées sans réserve par le chancelier d'Aguesseau.

Plus tard, en 1673, le contrôleur général constitua le régime hypothécaire, à peu près tel qu'il existe aujourd'hui. Il garantissait la propriété et les transactions commerciales. Mais l'hypothèque, qui protégeait les capitaux de la bourgeoisie riche contre les emprunts des nobles ruinés, fit jeter les hauts cris aux courtisans, dont elle dévoilait parfois la pauvreté insigne.

Louis XIV ne tarda pas à révoquer l'ordonnance.

Huit années furent employées à colliger toutes les anciennes ordonnances sur les eaux et forêts. Vingt et un commissaires choisis parmi les hommes les plus expérimentés, mirent en œuvre le plan médité par Colbert. Le nouveau règlement (1669), qui fondait l'unité du système forestier dans toutes les provinces et l'uniformité de jurisprudence pour tous les délits, qui déterminait le mode de conservation et d'aménagement des forêts, qui s'occupait des coupes de bois et des ventes, empêcha la dévastation des biens de mainmorte. Leurs propriétaires durent les faire arpenter, en conserver les plus beaux arbres, — pour la mâture et la construction des vaisseaux. L'intérêt public commandait cette prescription.

On a dit avec raison que le règlement des eaux et forêts, avant lequel les forêts de l'Etat étaient livrées au pillage, eut suffi pour illustrer un ministre. Quelle doit donc être la gloire de Colbert, qui dota la France de l'ordonnance de la marine et du code des Marchands !

Il y avait beaucoup à faire, en ce qui concernait la magistrature. La conduite des juges, leur manque d'intégrité, leurs mœurs dissolues scandalisaient fréquemment les populations. Ce n'étaient qu'intrigue et vanité, parmi eux, qu'appât du gain, que divertissement et débauche. Après comme avant Colbert, la vénalité des charges entretint l'ignorance et la corruption des magistrats. Le contrôleur général lui-même, dont un allié, le marquis d'Urfé, avait un procès pendant au parlement de Bordeaux, écrivait à l'intendant : Ne manquez pas de solliciter en mon nom tous les juges et de leur faire toutes les diligences dont le marquis aura besoin pour la décision heureuse de cette affaire, estant bien ayse de lui marquer en ce rencontre l'intérêt que je prends à tout ce qui le regarde.

Quelle défaillance de caractère, avouons-le, dans cette occasion !

Voilà comment un homme d'une probité remarquable se laissait aller vis-à-vis de la magistrature ! Ces mots de Colbert, nous les avons cités pour ne rien cacher de ses imperfections, et aussi pour donner une idée du milieu dans lequel il vivait. Que dire des ordres donnés aux procureurs généraux de multiplier les condamnations au bagne, pourvu que les sujets fussent robustes, parce que la marine en avait besoin !

Justice et police se tiennent, sous de nombreux rapports. En matière de police, c'est le magistrat qui punit, plutôt que la loi. Les fautes donnent lieu à une justice distributive qui, généralement, mène tout droit à l'arbitraire. Il va sans dire que cela n'effrayait pas Louis XIV. En veillant à la sûreté, à la tranquillité et à la commodité des habitants du royaume, les agents supérieurs ou inférieurs de la police devaient aussi sauvegarder le pouvoir contre les conspirations.

Un conseil de police, organisé (1666) par Colbert, fut placé sous la direction de Pussort. Ce conseil, dont on rendait compte toutes les semaines au roi, révisa les règlements antérieurs.

En même temps les lieutenants de police, créés en 1667, remplirent les fonctions jusqu'alors confiées au prévôt de Paris. A eux le soin de pourvoir à la sûreté et à la *netteté* de la capitale ; d'assurer les subsistances ; d'inspecter les halles, foires et marchés, pour y faire régner le bon ordre ; de juger sommairement les délinquants surpris en flagrant délit ; d'avoir l'œil sur les manufactures et leurs dépendances ; d'étalonner les poids et balances, etc., en un mot, de travailler au maintien de l'ordre public et administratif, pour le plus grand avantage des Parisiens.

Tel était, sans doute, le fond de la pensée de Colbert ; mais sa création amena promptement des abus dont nous nous ressentons encore.

Gabriel Nicolas de La Reynie, investi le premier de la lieutenance de police, établit régulièrement l'espionnage afin de surveiller les gens sans aveu. Cette institution, d'abord organisée toute en faveur des populations, se transforma ensuite, ou plutôt elle se doubla d'une autre organisation essentiellement politique. L'espionnage devint une tyrannie occulte, frappant ceux qui déplaisaient au maître. Par la création de la lieutenance générale de police, les fonctions du chef revêtirent un caractère politique, et dégénérèrent en offices de délations secrètes, lorsque d'Argenson se mit en rapport direct avec Louis XIV.

Sous prétexte d'ordre public, la police se changea souvent en une sorte d'inquisition qui faisait bon marché de la liberté individuelle, dont elle se déclarait protectrice. Une de ses principales missions fut de surveiller la presse, et elle s'en acquitta avec un zèle sans égal, en défendant arbitrairement les ouvrages dangereux, c'est-à-dire animés d'un souffle libéral, et en emprisonnant leurs auteurs à côté des criminels les plus odieux.

Tant que Colbert garda le pouvoir, le rôle de la police se maintint dans de justes bornes, à l'égard des écrivains et des hommes qui se permettaient d'élever la voix contre certains abus de l'autorité. Mais, sous les successeurs de ce ministre, les complaisances du lieutenant de police ne manquèrent pas, et les arrestations arbitraires furent très-nombreuses. Sa Majesté ordonnait ; le lieutenant de police agissait. Lorsqu'un espion avait fait sa dénonciation, une lettre de cachet venait trouver le suspect, et l'embastillement était la dernière conséquence de l'espionnage.

Vers la fin du règne de Louis XIV, les abus de police s'aggravèrent. On viola le secret des lettres. Les charges devinrent vénales et se multiplièrent, comme ressource fiscale. Le lieutenant de police s'occupa moins des intérêts de la ville et des particuliers que de la défense du pouvoir absolu.

Ce que Colbert avait compris comme affaire de vigilance, se métamorphosa vite en tyrannie administrative, toujours couverte d'un masque : la raison d'État !

Depuis, les amis de la liberté ont appris à connaître toutes les actions mauvaises qu'une institution bonne en soi peut accumuler impunément, quand elle a cessé de fonctionner au profit de tous pour devenir l'arme cachée, perfide, implacable d'un pouvoir jaloux.

VIII

RIVALITÉ DE COLBERT ET DE LOUVOIS. - ESPRIT GUERRIER. - LES BÂTIMENTS. - QUESTION RELIGIEUSE. - LE MINISTRE DES DESSEINS PERNICIEUX. - CRÉATION DE VERSAILLES. - REMONTRANCES DE COLBERT À LOUIS XIV. - COMMENCEMENTS DE SA DISGRÂCE. - FRIPONNERIE ! - MALADIE ET MORT DE COLBERT.

Cependant une rivalité incessante existait entre Colbert et Louvois, entre le contrôleur général qui pensait aux conquêtes pacifiques, et le ministre de la guerre dont l'objectif unique était de satisfaire les goûts de Louis XIV. Or, Louis XIV croyait le prestige de la gloire militaire indispensable à la consolidation de sa puissance. Il s'enivrait de fumées guerrières.

Colbert avait travaillé pour la France ; Louvois travaillait pour le roi. Aux jours d'infatuation, Louis XIV accorda à celui-ci une confiance presque illimitée, et l'influence de celui-là diminua chaque jour, en même temps que la prospérité des populations, déjà touchées par les impôts, les emprunts, les malheurs de toute sorte.

Le caractère français se prêtait aux desseins de Louis XIV, et, malgré les catastrophes à prévoir, il restait belliqueux. Un contemporain écrivait avec juste raison : Le génie de la nation est maintenant porté aux armes, ardent, inquiet, ami de la nouveauté, désireux des conquêtes...

En vieillissant, Je roi aimait de plus en plus les expéditions militaires, qui devenaient des textes à louanges hyperboliques, qui le faisaient comparer à Alexandre, à César et à Charlemagne. Les victoires motivaient des triomphes et des fêtes. On allait au camp en carrosses, avec les dames ; au retour, on se voyait immortaliser par les peintures de Lebrun.

Les guerres véritables étaient insuffisantes, trop rares encore. Afin de n'en pas perdre l'habitude, Louis XIV, le premier, organisa des campagnes en pleine paix, des revues brillantes, de petites batailles où paradaient les états-majors. Ces jeux guerriers, ces sortes de spectacles coûtaient cher, et Colbert réclamait vainement, quand il disait, dans un rapport de 1666 : Votre Majesté a tellement mêlé ses divertissements avec la guerre de terre, qu'il est bien difficile de les diviser.

Plus Colbert se plaignait, plus Louvois multipliait les occasions de plaire au roi, comme ministre de la guerre ou comme préposé à la direction des bâtiments civils. Colbert avait organisé la paix, rendue féconde au moyen des excellentes mesures qu'on a indiquées plus haut ; Louvois organisa la guerre, qu'il rendit terrible, et il se fit l'exécuteur des projets funestes que Louis XIV nourrissait contre les protestants.

Après avoir métamorphosé l'armée, de manière à obtenir les meilleurs résultats, Louvois suivit une politique autre que celle de Colbert. Il voyait le maintien et l'agrandissement de son pouvoir dans la guerre prolongée. Aussi n'épargna-t-il rien pour l'emporter sur son rival, moins décidé à satisfaire les deux passions principales de Louis XIV, — la gloire et le plaisir.

Il n'entre pas dans notre cadre de suivre ici les- détails d'une lutte qui dura de longues années, ni d'établir un parallèle entre Colbert et Louvois, entre l'homme dont l'administration financière, industrielle, commerciale, maritime, scientifique, artistique et littéraire a eu tant d'influence sur les destinées de notre pays, et l'homme des dernières extrémités, mais dont les réformes militaires, considérables à tous égards, ont subsisté jusque sous le premier empire.

Disons seulement que leurs idées différaient essentiellement, et que la plupart des questions à l'ordre du jour développaient leur antagonisme.

Pendant douze années, Louvois ne cessa de ruiner le crédit du contrôleur général. Ainsi, quand Colbert repoussait le système des emprunts, le ministre de la guerre, qui avait proposé ce système, parvenait à le faire adopter. Colbert protégeait les réformés, parce qu'il les estimait gens utiles aux progrès de notre industrie ; Louvois voulait les perdre, comme sujets rebelles. Mme de Maintenon écrivait, au mois d'août 1681, à la comtesse de Saint-Géran : Le Roi commence à penser sérieusement à son salut et à celui de ses sujets ; si Dieu nous le conserve, il n'y aura plus qu'une religion dans son royaume. C'est le sentiment de M. de Louvois, et je le crois là-dessus plus volontiers que M. Colbert, qui ne pense qu'à ses finances, et presque jamais à la religion. Mme de Maintenon soutenait Louvois, et traitait Colbert de ministre des desseins pernicieux.

En mille circonstances, les deux rivaux essayèrent de mettre le roi de leur-côté. Ils étaient également très-persévérants dans leurs systèmes.

A l'honneur de Colbert, constatons que son premier dissentiment avec Louis XIV date de 1675, année durant laquelle il écrivait au roi : Votre Majesté n'a jamais consulté ses finances pour résoudre ses dépenses ; ce qui est si extraordinaire, que vraiment il n'y en a pas d'exemple. Louis XIV lui adressa des reproches, en ajoutant : Il me faut rendre des services comme je le désire, et croire que je fais tout pour le mieux. La création de Versailles, où l'on enterra plus de quatre cents millions, acheva de diviser Colbert et Louvois.

Louis XIV, se rappelant les magnificences du château de Vaux, où Fouquet lui avait offert une fête si brillante, était froissé dans son orgueil, presque humilié par le luxe du surintendant. Il rêvait une demeure splendide, sans égale, capable d'arracher de la mémoire des courtisans le souvenir des merveilles que Mansard, Lebrun, Mignard et Le Nôtre avaient prodiguées dans la résidence d'un sujet. Le triste château de Saint-Germain, le sombre château de Vincennes, Fontainebleau lui-même, trop éloigné de Paris, ne lui convenaient plus. Louis XIV voulait montrer qu'un souverain ne doit pas se laisser surpasser en faste ou en gloire.

Versailles devait être la scène, toute étincelante de superbes décors, où le roi jouerait son rôle de Dieu dans une pièce que l'historien peut intituler La Monarchie à grand spectacle ; où les courtisans représenteraient l'Ambition, la Richesse, l'Envie, la Vanité, l'Intrigue, l'Esprit, l'Art, la Beauté, le Jeu et l'Amour, c'est-à-dire tous les goûts, tous les mérites, toutes les passions, tous les vices, prosternés devant la Majesté du Maître.

Louvois, dirigeant les bâtiments civils, exécuta le rêve de Louis XIV, ne ménagea rien pour créer le Versailles que l'on sait. Il se prêta aux caprices du roi, tandis que Colbert s'occupait de cette affaire presque à regret, comme s'il en eût prévu les fatales conséquences. Des sommes inouïes n'allaient-elles pas s'abîmer dans ce coin enchanteur que les courtisans séparaient du reste de la France, où ils menaient une existence factice !

Un jour le contrôleur général se permit d'adresser à Louis les observations suivantes, à propos du palais de Versailles : Votre Majesté sait qu'au défaut des actions éclatantes de la guerre, rien ne marque davantage la grandeur et l'esprit des princes que les bâtiments, et toujours la postérité les mesure à l'aune de ces superbes machines qu'ils ont élevées pendant leur vie. Ah ! quelle pitié que le plus grand des rois et le plus vertueux, de la véritable vertu qui fait les princes, fût mesuré à l'aune de Versailles : et toutefois il y a à craindre ce malheur. Pendant que Votre Majesté a dépensé de très-grandes sommes à cette maison, elle a négligé le Louvre, qui est assurément le plus superbe palais qu'il y ait au monde, et le plus digne de la grandeur de Votre Majesté ; et Dieu veuille que tant d'occasions qui la peuvent nécessiter d'entrer dans quelques grandes guerres ne lui ôtent les moyens d'achever ce superbe bâtiment.

On ne pouvait parler avec plus de bon sens, et d'une manière plus prophétique. C'était trop oser. Il ne fallait pas, devant Louis XIV, penser si sincèrement au pays, se préoccuper si vivement du bonheur général des Français. Le souverain, ambitieux et prodigue, ne regardait pas aux millions que coûtaient ses résidences, ses équipements de chasse, ses bals, ses camps d'apparat, et toutes les merveilles de sa cour.

Quiconque parlait franchement d'économies sur les superfluités, afin d'avoir les fonds indispensables pour les choses nécessaires, ou tout au moins pour celles dont le peuple entier profitait, ne devait pas tarder à paraître importun. Colbert, par ses honnêtes hardiesses, d'abord écoutées sans colère, puis assimilées à des outrages, hâtait le moment de sa disgrâce. Peu s'en fallut que Louis XIV ne le rendît responsable des revers essuyés, çà et là, pendant les guerres ; et plus les événements donnèrent raison au contrôleur général, plus sa chute devint prochaine. L'orgueil du souverain, contrarié par les faits, perdait toute mesure, toute convenance et toute justice. Il semblerait que Louis XIV voulût se venger sur son ministre de l'insuccès des armées.

En outre, quand l'influence de Louvois progressait, au détriment de celle de Colbert, les idées de conciliation et de tolérance religieuse, soutenues par ce dernier, allaient s'évanouissant. Louis XIV, porté aux moyens de rigueur contre les protestants, reprochait au contrôleur général ses faiblesses pour les ennemis du trône et de l'autel. Colbert, encore une fois, ne pensait qu'à ses finances et presque jamais à la religion. Ce blâme, que nous considérons comme un éloge, surtout au point de vue historique, en nous rappelant les conséquences désastreuses de la révocation de l'Édit de Nantes, condamnait le rival de Louvois dans l'esprit des fanatiques.

Le premier rang appartint au ministre de la guerre, à l'homme qui approuvait la folie de Versailles, au persécuteur des protestants ; le ministre des finances perdit la suprématie dont il avait joui jusque-là dans les conseils royaux.

Cependant, il ne quitta point son poste- de combat. L'amour-propre, chez lui, ne prévalut pas sur le désintéressement et le patriotisme. Amoindri dans les régions du pouvoir, il continua à diriger les finances pour prévenir de toutes ses forces les malheurs qui menaçaient la France, pour mettre un frein, par sa seule présence, à l'excès des mesures fiscales exigées par les actes de Louis XIV et de Louvois, trop souvent d'accord.

Les années qui précédèrent la mort de Colbert durent être, pour ce grand administrateur, un temps de rudes épreuves et de souffrances intérieures. Ne savait-il pas que, malgré lui, il donnait prise à la haine du peuple ? Ne savait-il pas que la misère publique lui imputait à crime toutes les lourdes charges dont les contribuables étaient frappés ? Ne savait-il pas que son maître cherchait à contrarier tous ses plans, à ruiner ses plus chères espérances, à bannir du royaume le groupe industrieux des protestants, à donner aux gens de guerre les fonctions qu'il fallait réserver pour les savants et les industriels ?

Avant de juger Colbert, il convient d'apprécier toutes ces considérations d'ordre supérieur. Enfin de compte, il se croyait utile encore à la France, et il garda son ministère, quoi qu'il n'y fût plus le maître comme autrefois. Il travailla toujours avec excès, malgré les douleurs violentes auxquels il était condamné ; car il était sujet à la goutte. De plus, il souffrait de la pierre à un tel point que la maladie, jointe à des occupations accumulées, avait fort altéré son tempérament robuste. En 1680, elle faillit l'emporter. Un remède nouveau le sauva, celui du quinquina.

Il devait bientôt mourir à la peine, mais non dans l'état de satisfaction que sa vie entière lui avait méritée. Le roi qui, en 1677, avait gratifié son ministre d'une somme de quatre cent mille livres, en considération de ses services et pour lui donner les moyens de les continuer, mettait en doute, maintenant, la probité et le dévouement de Colbert.

On accusa le ministre de malversation ; il lui fallut fermer la bouche aux calomniateurs et se justifier. Vainement Colbert, réduit à présenter au roi l'inventaire de ses biens particuliers, en avait indiqué l'origine. Il avait remplacé Fouquet, disaient certaines gens, pour imiter l'ex-surintendant, mais en agissant avec plus d'adresse et d'hypocrisie. Louvois et ses créatures poursuivaient à outrance le contrôleur général ; la majorité des courtisans faisait chorus. Les uns et les autres avaient hâte de s'en débarrasser.

Or, un jour Louis XIV, s'entretenant avec ses ministres et Colbert, qui lui rendait compte de ce qu'avait coûté la grande grille du château de Versailles, s'oublia au point de prononcer cette phrase singulière :

— Il y a là de la friponnerie.

— Sire, répondit Colbert, je me flatte que ce mot ne s'étend pas jusqu'à moi.

— Non, répliqua le roi ; mais il fallait avoir plus d'attention. Si vous voulez savoir ce que c'est que l'économie, allez en Flandre, vous verrez combien les fortifications des places conquises ont peu coûté.

Avouons que cette comparaison entre Louvois et Colbert, toute concluante à l'avantage du premier, et produite en plein conseil, pouvait mortifier excessivement un homme ayant conscience de sa valeur, de son zèle et de son honnêteté. Louis XIV trahissait les sentiments qui l'animaient, en lançant cette injure à Colbert.

Peut-être le ministre l'eût-il supportée comme on supporte une boutade de souverain absolu, si sa santé eût encore été vaillante. Mais disgracié, mais valétudinaire, mais frappé au cœur par tant d'ingratitude, Colbert se mit au lit en sortant de ce conseil. Chose incroyable : Louis XIV lui reprochait ce que coûtait Versailles !

L'insulté ne se releva pas. Sa constance était héroïque devant les souffrances physiques ; sa force morale succombait devant les duretés de son maître. Combien d'autres illustres personnages, l'honneur du règne, ont montré cette faiblesse déplorable ! Combien n'ont pu supporter même un regard sévère de Louis XIV !

Celui-ci éprouva quelques remords. Dans les derniers temps de la maladie de Colbert, il voulut donner au moribond un éclatant témoignage d'estime. Les apologistes du grand roi n'ont pas manqué de relater ce fait avec toutes sortes de phrases laudatives. Ils se sont attendris à cette pensée que Louis XIV, si glorieux, si puissant, à qui La Feuillade venait d'ériger une statue sur la place des Victoires, daigna rendre visite en personne au fils du drapier de Reims.

Le monarque, dit-on, partit de Versailles, accompagné d'une suite nombreuse ; il alla droit à l'hôtel du ministre malade, et il entra seul chez Colbert, afin de ne le point incommoder.

Là, se passe un touchant entretien. Le roi de France prie son contrôleur général de se conserver ; il déclare avoir encore besoin de ses services. Et Colbert verse des larmes de reconnaissance ; et, quand Louis XIV s'est retiré, Colbert ne pense plus qu'à son salut ; et comme sa femme ne cesse de l'entretenir d'affaires, Colbert lui dit : Vous ne me laisserez donc pas le temps de mourir !

Des historiens dignes de foi ne mettent point ainsi en présence le maître et son serviteur : Ils assurent que Louis XIV ne parut point à l'hôtel de Colbert ; qu'il se contenta de lui écrire, et qu'un de ses gentilshommes porta la lettre. Ils ajoutent qu'en voyant le messager, Colbert s'écria : Je ne veux plus entendre parler du roi ; qu'au moins à présent il me laisse tranquille. Si j'avais fait pour Dieu ce que j'ai fait pour cet homme, je serais sauvé dix fois, et je ne sais ce que je vais devenir.

Colbert expira le 6 septembre 1683, à l'âge de soixante-quatre ans. Bourdaloue assista dans ses derniers moments le ministre qui entrait dans l'éternité, et qui, on l'a dit, mourut en désespéré.

IX

OBSÈQUES DE COLBERT. - MESURES DE PRÉCAUTION. - INJURES, ACCUSATIONS, ÉPITAPHES. - MISÈRES DU PAYS. - COLBERT INFÉRIEUR À VAUBAN. - CIRCONSTANCES ATTÉNUANTES. - DÉFAILLANCES. - PETIT CONSEIL DE COURTISANS. - LA COULEUVRE PRUDENTE. - CONCLUSION.

Pour celui qui a fini la race des bons ministres, dans l'ancienne monarchie, ce n'était point assez de l'ingratitude montrée par Louis XIV. L'œuvre de Colbert avait froissé des intérêts particuliers, et les masses haïssaient le contrôleur général, coupable, croyaient-elles, des mesures dont elles souffraient. Aux Halles, on ne lui pardonnait pas l'innovation consistant à faire payer les places aux petits marchands. La population parisienne se souvenait qu'il avait augmenté les octrois. Les guerres, surtout celle de Hollande, avaient forcé d'établir des taxes onéreuses et vexatoires. Colbert porta la peine de ces méfaits, de ces actes qui avaient aggravé la misère publique.

Ignorante, conduite par les classes nobles et riches, la foule était incapable d'apprécier Colbert, de le juger selon ses œuvres. Peut-on s'en étonner, quand les bourgeois du temps ne savaient pas glorifier, défendre, même, l'homme qui indiqua à la bourgeoisie la route à parcourir pour s'emparer des réseaux administratifs ? Un marchand lui avait dit, un jour : Lorsque vous êtes venu au ministère, vous avez trouvé le chariot renversé d'un côté, et, depuis que vous y êtes, vous ne l'avez relevé que pour le renverser de l'autre.

Le corps de Jean-Baptiste Colbert fut conduit, à nuit close, escorté par des archers, de son hôtel de la rue Neuve-des-Petits-Champs à l'Eglise Saint-Eustache, où l'on voit aujourd'hui son tombeau composé par Lebrun, exécuté par Jean-Baptiste Tuby et Antoine Coysevox.

L'autorité craignait que les gens des Halles n'insultassent le cercueil, ne jetassent dans la boue le corps de celui qui avait été le conseiller éminent du roi de France ! L'autorité s'exagérait sans doute le péril. Quoi qu'il en soit, Sébastien Foscarini, ambassadeur de Venise à Paris, déclare formellement : Il fallut assurer le convoi de Colbert par une escorte de gardes, dans la crainte d'une attaque Je le populace, et non sans quelque raison, car le Roi croyait volontiers que sa mémoire était chargée de la haine et des imprécations de ses sujets à cause du fardeau sous lequel ils gémissent.

Puis, pendant que Quinault célébrait en vers, et l'abbé Tallemant en prose, dans une séance extraordinaire de l'Académie, Colbert disparaissant de la scène du monde, une centaine de pièces satiriques, en latin et en français, injurièrent la mémoire du défunt.

Le contrôleur général, en mourant, avait laissé la dette de l'Etat réduite à trente-deux millions, le revenu brut porté à cent-cinq. Ils l'accusèrent, néanmoins, d'avoir fait un Hôtel-Dieu de la France, d'avoir été le destructeur de la patrie ; ils déclarèrent qu'il était un potiron de cour que le soleil fit naître, et le plus grand des tyrans. Ils dirent ironiquement, avec un odieux jeu de mots, que la pierre qui le tua devait s'appeler pierre philosophale.

Entre les épitaphes composées contre lui, citons les deux suivantes :

Hic jacet vir marmoreus ;
Expilavit, expiravit et non expiavit.

(Ici repose l'homme de marbre ; il pilla, expira, et n'expia point.)

Ci-gît le père des impôts,
Dont chacun a l'âme ravie ;
Que Dieu lui donne le repos
Qu'il nous ôta pendant sa vie.

Les caricaturistes s'amusaient. Un d'eux plaçait un diable cornu derrière le bureau de Colbert. Ce diable tranchait la trame de la vie du ministre, qu'il précipitait dans le *gouffre d'enfer*.

Enfin, plus tard, un malin fit cet arrangement de mots :

Venance France fer Colbert
  G   de la K la France

(J'ai souvenance de la souffrance qu'à souffert (sic) la France sous Colbert.)

Colbert n'avait pas ignoré les misères générales. En 1675, le duc de Lesdignières, gouverneur du Dauphiné, lui avait écrit : La plus grande partie des habitants de la province n'ont vécu pendant l'hiver que de pain de glands et de racines, et présentement on les voit manger l'herbe des prés et l'écorce des arbres. En 1681, le ministre lui-même disait à Louis XIV : Ce qu'il y a de plus important et sur quoi il y a le plus de réflexion à faire, c'est la misère des peuples, qui est très-grande. Toutes les lettres qui viennent des provinces en parlent, soit des intendants, soit des receveurs généraux ou autres personnes, même des évêques.

Cette détresse des provinces, que les économistes ont plus tard attribuée aux changements trop fréquents apportés à l'entrée et à la sortie des blés, Colbert l'attribuait surtout aux impôts nécessités par les guerres continuelles. Il la crut presque fatale, irrémédiable. En cela, il restait bien inférieur à Vauban, qui écrivit son *Projet d'une Dîme royale* pour obtenir une réforme complète de l'impôt, lequel devait peser sur tous indirectement. Le livre de Vauban parut en 1707, vingt-quatre années après la mort de Colbert. Déjà un courant d'idées nouvelles s'était établi : les Dragonnades et la Révocation de l'édit de Nantes comblaient la mesure.

Revenons au ministre de Louis XIV, et rappelons que la noblesse, principalement, usa de son influence pour le rendre impopulaire.

Parmi les gens qui poursuivaient Colbert jusque dans le cercueil, les uns se trompaient et les autres étaient trompés ; tous jugeaient l'homme assez légèrement ; et la plupart se montrèrent aussi impitoyables envers l'admirable Vauban, disgracié pour cause d'amour du peuple.

La postérité n'a pas ratifié le verdict des mécontents qu'à faits Colbert. Elle n'a pas loué sans restriction l'habile ministre ; mais elle a infirmé les opinions de l'époque, parce qu'elle ne se laisse point induire en erreur, comme les contemporains d'une illustration politique, par les questions de formes et de belles manières. Colbert, au milieu de courtisans émoussés par le servilisme, possédait une volonté énergique dont l'opiniâtreté irritait les grands, prompts à lui appliquer l'épithète de despote. Ses pensées éclataient franchement, rudement, à une époque où il convenait de ne point contrecarrer les opinions du souverain. Surtout, écrivait-il à son frère, ne croyez pas que je peux tout.

Souvent il arriva au contrôleur général de former des desseins pour diminuer la misère, sans avoir recours au système des aumônes, mais en créant du travail. Les masses n'en apprenaient rien ; les généreuses tendances de Colbert n'aboutissaient pas ; ceux qui les combattaient se gardaient bien de les publier. Aussi les populations françaises ne connaissaient-elles pas le créateur de tant d'institutions fécondes, de tant de réformes sérieuses. Elles l'accusaient, à cause des lourdes charges qu'il leur imposait, et dont la nécessité ne leur paraissait pas absolue.

Cependant Colbert manifesta plusieurs fois ses sympathies pour le peuple, qu'il eût voulu soustraire aux rapines des gens de guerre. Il était du très-petit nombre de ceux qui, comme Vauban, Boisguillebert et Fénelon, ne jugeaient pas d'après les splendeurs de la cour la situation entière du pays. On rapporte qu'un jour, contemplant des fenêtres de son château la campagne environnante, il s'écria avec un accent de mélancolie : Je voudrais pouvoir rendre ce pays heureux, et qu'éloigné du roi, sans appui, sans crédit, l'herbe crût dans mes cours.

En disant ces mots, le ministre avait les yeux baignés de larmes. Les gens qui l'entouraient éprouvaient une émotion véritable, et il partait, lui, avec cette bonté grave que Nanteuil le graveur a su reproduire.

Ses actions furent en harmonie avec ses paroles. Son influence éclata dans les questions qui regardaient la sécurité des habitants de Paris, qui touchaient à la protection des petits par les puissants. Il n'oublia jamais les devoirs que lui imposait sa haute fortune. La lecture de sa volumineuse correspondance prouve qu'il songeait sans cesse à l'amélioration du bien-être général. De vive voix ou par lettres, Louis XIV ne cessait de lui recommander les travaux de ses palais et des maisons pour les maîtresses royales, les envois de matériaux, marbres, tableaux, etc. Colbert obéissait, mais en s'occupant de la situation des ouvriers et des artistes, en faisant tourner au profit de tous les Français le goût de son maître pour les bâtiments, pour les productions luxueuses de l'industrie. Et il ne cessait de chercher à combattre la pauvreté des laboureurs, parce que cette pauvreté, selon lui, était une des causes les plus essentielles de la stérilité de la terre. Il conseillait au roi de répandre de l'argent pour ce pressant-besoin.

Dans une lettre de Colbert à son frère, nous lisons ces phrases : Il n'y a aucun homme qui n'ait de grands défauts, et au moins neuf vices contre une vertu. Il faut donc, quand il s'agit de confier à quelqu'un le commandement sur d'autres hommes, excuser ses vices, les pallier, et trouver moyen de l'employer dans des actions où il puisse appliquer la vertu qui le distingue, sans y mêler ses vices.

En appliquant ces idées à l'homme qui les a émises, nous trouvons qu'il y a lieu de renverser la proposition et de dire : Colbert eut neuf vertus contre un vice. Né dans un temps où il était impossible de parvenir jusqu'aux sommets de l'administration sans faire preuve de complaisance pour les grands et sans rechercher les faveurs, il n'essaya pas toujours d'éviter ces obligations parfois compromettantes, mais il ne vécut pas en courtisan égoïste.

Ses relations avec Mazarin et avec Le Tellier l'avaient habitué, jeune encore, aux faiblesses de la flatterie, dont il se garda par la suite, à mesure que sa position devint plus élevée, et qu'il eut un sentiment plus prononcé de sa valeur personnelle.

Il répugne à l'historien de voir Colbert se mêler des amours de Louis XIV avec Mlle de La Vallière et Mme de Montespan ; s'employer dans les intrigues du monarque dont les mœurs légères se cachaient sous le manteau de l'hypocrisie, qui prétendait faire glorifier ses vices par son entourage, changer ses scandales en simples galanteries, et imposer à ses courtisans le respect de ses faiblesses ou de ses plaisirs inavouables.

Les mœurs de la cour du grand roi préparèrent celles de la Régence.

Si Louis XIV forçait en quelque sorte un ministre illustre à lui servir de confident, on peut se figurer les complaisances qu'il exigeait des personnages moins considérables de sa cour.

L'historien s'étonne aussi de ce que Colbert rassemblait chez lui une sorte de petit conseil travaillant à revoir et à corriger les ouvrages, soit de prose, soit de vers, qui se composaient à la louange du Roi. Mais, par là, l'habile administrateur se rendait possible. A l'aide de ces sacrifices consentis pour les faiblesses, pour la vanité de Louis XIV, il assurait une féconde impulsion aux sciences et aux arts.

Ses idées de centralisation le portèrent à approuver le coup mortel donné aux mairies électives, dont l'abolition ruinait le régime communal tout entier. Colbert défendit aux Conseils de ville d'envoyer des députations à la cour ; et il chargea les intendants d'administrer les finances de chaque cité. Il n'est pas bon que quelqu'un parle au nom de tous, écrivait-il.

Nous ne lui pardonnons pas une telle violation du droit public.

Malgré ces actes et ces opinions trop favorables au despotisme, la postérité a jugé équitablement et convenablement l'homme qui fut le bon génie de Louis XIV, et qui rendit à la France les services les plus signalés. Elle a oublié son ambition, disons le mot, en raison de l'usage qu'il a fait de son pouvoir, et parce que son mérite égala ses prétentions ; elle a oublié certaines erreurs, commises par entraînement, sous la pression des nécessités ou des préjugés de l'époque ; elle a oublié ses velléités d'aristocratie, quant à son origine personnelle, quand il rechercha les alliances nobles et maria ses trois filles à des ducs et pairs ; elle a oublié, enfin, son amour des honneurs, à cause de sa sollicitude constante pour les travailleurs de toutes les conditions.

Colbert avait une couleuvre en pal dans ses armes. Sa maison portait : d'azur à la couleuvre d'argent. Couleuvre, en latin *coluber*. Jeu de mots : Coluber, Colbert. Au point de vue symbolique, voulait-on rappeler que la couleuvre a la prudence du serpent, sans être venimeuse ?

Cette armoirie parlante déplaisait à ses détracteurs, prétendant qu'un serpent y figurerait avec plus de logique.

En résumé, Colbert était arrivé aux affaires au moment où la nation se trouvait dans un abaissement profond. En mourant, il laissa à la France des colonies nombreuses, un commerce florissant, une industrie prospère, des finances relativement en bon état, une marine formidable, des ports bien construits, des arsenaux pleins, des canaux nécessaires, des fortifications importantes, une législation en progrès, des établissements de toutes sortes, des palais et des musées admirables. Ses merveilleuses aptitudes lui avaient permis de métamorphoser l'administration entière.

Tout cela disparut en partie, quant il eut fermé les yeux. Des incapables détruisirent son œuvre ou l'amoindrirent.

Quatre vingt-dix ans après sa mort, en 1773, son éloge fut mis au concours par l'Académie française. Jacques Necker remporta le prix. Bientôt, le banquier genevois évoqua la tradition de Colbert, et se proposa de la continuer, oubliant que le ministre de Louis XIV, s'il avait pu revivre, aurait probablement changé de système sur la question de la transportation des grains.

Quoi qu'il en soit, les hommes de 1789, de 1830, de 1848, de 1870, et les diverses écoles économiques qui se sont succédé en France, ont respecté, honoré la mémoire de Colbert.

Avons-nous eu tort de le placer en bon rang parmi les pères du peuple ? Ce courageux administrateur, quoique recevant la loi de son maître Louis XIV, nous a paru aussi utile au pays, sinon plus utile que Sully, faisant la loi à son ami Henri IV. Tous deux ont servi la cause de la civilisation ; et leur passage à travers notre histoire compense l'influence funeste des ministres qui immolèrent au souverain les droits imprescriptibles des Français. Tous deux ont acquis une renommée contre laquelle ne saurait s'élever la démocratie moderne. Colbert, surtout, est un précurseur des vrais politiques de notre temps, qui préfèrent à la gloire des armes et aux conquêtes les bienfaits de la paix et le contentement des masses.